FACTVM,

POUR Antoine de _Godru_, Escuyer, Sieur dudit lieu, & de _Ronsay-bigot_, Demandeur en Lettres.

CONTRE Messire Henry Foucault, Chevalier, Marquis de Saint
Germain beau-pré, Conseiller du Roy en ses Conseils d'Estat & pri-
vé, Gouverneur & Lieutenant general du Roy, dans les Provin-
de la haute & basse Marche, Defendeur.

Servant de Réponse au Factum dudit Sieur de S. Germain.

Ors que la cause, dont il s'agit, fut plaidée, la Cour
trouva les conclusions du Demandeur si justes, que s'il eust
eu la prévoyance de faire compulser son extrait baptistaire,
contradictoirement avec le Sieur de Saint Germain, elle
les luy auroit adjugées sur le champ.

Ce fut donc ce seul defaut, qui porta la Cour à appoin-
ter les parties, & à ordonner, _que le demandeur feroit compulser son extrait_ _Arrest du 4. Se-_
baptistaire, partie presente ou deuëment appellée, & qu'il le rapporteroit dans _ptembre 1670._
le lendemain saint Martin. A quoy il a du depuis, si pleinement satisfait,
qu'il ne reste plus qu'à prononcer.

Aussi, le Sieur de Saint Germain a luy-mesme tellement reconnu, que sa
cause n'estoit pas soûtenable, qu'aprés avoir employé pendant trois années entieres, toutes les ruses de la plus fine chicane, pour empescher ou
pour retarder le jugement du procez : lorsqu'il vid au mois de Septembre
dernier, que le procez avoit esté veu de Commissaires, qu'il estoit mesme
sur le Bureau, & qu'il n'y avoit plus qu'à opiner, il eut recours aux Lettres d'Estat, qui est l'azile ordinaire de tous ceux qui ont une méchante
te cause ; c'est un fait dont la Cour aura bien la bonté de se souvenir.

Mais quoy qu'aux termes de l'Arrest, qui a appointé les parties, il
semble que toute la difficulté, ne soit plus reduite qu'au seul point de sçavoir, si le Demandeur s'est pourvû dans le temps de l'Ordonnance, il est
neanmoins à propos d'observer, qu'il s'agist dans le Fait, de la succession de
Gedeon de Godru, grand oncle paternel du Demandeur.

C'estoit un vieux Gentilhomme fort riche, qui aprés avoir passé par di- _* Chevau - leger_
vers emplois honnorables, * s'attacha auprés du feu Sieur de Saint Ger- _dans la Compagnie_
main pere du Defendeur, non en qualité de domestique, mais comme son _d'Ordonnance de_
amy intime & particulier. _Monsieur le Prince,_

Et comme il ne vouloit pas estre inutile, ny à charge, au Sieur de Saint _Mareschal des lo-_
Germain son amy, il prenoit soin, _pendant ses absences seulement_, des affai- _gis de la Compagnie_
res & des revenus de sa maison ; & ses soins & son administration furent _d'Ordonnance de_
si utiles & si profitables au pere du defendeur, qu'en mourant il se crût _Monsieur le Comte_
obligé de luy en témoigner sa reconnoissance, ce qu'il fit en luy leguant _de Moret, Gentil-_
par son Testament une somme de 10000. livres * avec éloge de son meri- _homme ordinaire de_
te, de sa vertu, & du zele & de la fidelité qu'il avoit toûjours euë pour _la Chambre du Roy._
luy. _* Nota. Ce legs est_

Aprés le decés du feu Sieur de Saint Germain, qui arriva en 1642, le _encore deu, car, le_
defendeur son fils, voyant que le Sieur de Godru, qui estoit déja fort cassé, _defendeur est demeu-_
avoit dessein de se retirer dans sa maison, pour y prendre du repos, le _ré d'accord par son_
conjura de ne le point abandonner, & le pria de vouloir accepter sa pro- _Interrogatoire qu'il_
ne l'avoit jamais
payé.

A

6,842

curation, pour continuer à regir & à gouverner son bien.

Le Sieur de Godru, eût la bonté de demeurer, & continua jusqu'à son decés, arrivé dans le Château mesme de Saint Germain le 18. Decembre 1648.

Cependant comme il avoit de fort grands biens, qu'il ne faisoit aucune dépense, & qu'il mettoit tous les ans son revenu en reserve, son bien s'accrut & s'accumula extrémement, jusque-là que la voix publique luy donnoit communement plus de 60000. écus.

Ces grands biens, qui estoient comme sous les yeux & sous la main du Defendeur, puisque la plus grande partie d'iceux estoit dans son Château, exciterent son envie, & luy donnerent de la tentation.

Si bien que voyant le Sieur de Godru malade, decrepit, & mourant, il forma le dessein de s'en rendre le maistre aprés son decés, & d'en frustrer ses heritiers, qui demeuroient à plus de quarante lieuës de là.

Pour reüssir dans ce dessein, sa premiere démarche fut, d'empescher pendant la maladie du Sieur de Godru, qu'aucun de ses heritiers ne le vist & ne l'approchast : c'est un fait dont il est mesme demeuré d'accord dans son interrogatoire article 2.

(marge : Nota.)

Ensuite, du moment que le decés fut arrivé, il s'empara generalement de tous ses biens, meubles, & immeubles, & s'en empara mesme de son authorité privée, & sans aucune formalité de justice.

Il fit plus, car pour oster aux heritiers, la lumiere de tous les effets de cette succession, il s'en empara mesme sans en faire aucun inventaire ; si ce n'est dans la seule maison de Godru, ou par forme, & à cause seulement qu'un seul des heritiers s'y rencontra, il fit faire par ses officiers, & à sa seule requeste, une maniere d'inventaire à sa phantaisie, dans lequel il ne fit mettre que ce qu'il voulut ; c'est à dire la moindre partie des effets qui y estoient, * lesquels il fit ensuite estimer par gens à sa devotion, au quart de ce qu'ils valoient.

*(marge : * Cet Inventaire fait foy de cette verité, dans lequel on void plusieurs coffres & armoires qui ne furent point ouvertes ny inventoriées sous pretexte qu'on disoit que les clefs en étoiët égarées. On y void aussi grand nombre d'effets qui ne furent point estimez.)*

Mais outre qu'il fit faire cet inventaire comme bon luy sembla, il le fit mesme sans y appeller le pere du Demandeur, bien que comme l'aisné, il fust le seul heritier des meubles, & partant le seul interressé.

Quant aux autres lieux, où le Sieur de Godru avoit des effets, comme à S. Germain dans l'appartement où il mourut, où il avoit son argent, ses titres, ses papiers, ses contracts & obligations, ses livres de recepte & de compte, & toutes ses décharges ; où à Ronsay-bigot, qui estoit une maison meublée comme celle de Godru, il n'y fit faire aucun inventaire.

On peut mesme juger facilement, que les effets mobiliaires du Sieur de Godru devoient monter à une somme extrémement considerable ; puisque le seul inventaire fait à Godru, qui n'est que de simples meubles meublans, & de quelques provisions de bois, de vin, & de bled, se trouve monter, tout defectueux & frauduleux qu'il est, soit dans la quantité, soit dans l'estimation, à plus de 5000. livres ; non compris mesmes les bleds qui lors du decés estoient ensemensés, non plus que ceux de la derniere recolte, qui n'estoient pas encores battus, & desquels il fut bien parlé dans l'inventaire, mais dont pourtant le defendeur ne fit faire aucune estimation.

Aussi le Defendeur a luy-mesme tellement reconnu, la fraude & la nullité de ce pretendu Inventaire, qu'il a mieux aimé denier absolument dans son interrogatoire, qu'il y ait eu aucun Inventaire, que d'avoüer celuy-là, bien qu'il paraisse qu'il fut fait par ses ordres exprés, à sa propre requeste & par ses propres officiers.

(marge : Nota.)

Mais ce qu'il y a de plus criant, & qui fait voir plus que toute autre chose le dol, la fraude, & la violence, c'est qu'à l'égard des contracts & des obligations du defunt, de ses papiers de recepte, de ses comptes & de ses décharges, & generalement de tous les titres, papiers, & enseignemens de la succession, le defendeur n'en fit faire ny Inventaire ny Defcription aucune ; de forte qu'il les cacha & fupprima tous aux heritiers, dont auffi il eft demeuré d'accord dans l'article 18. de fon Interrogatoire.

Or aprés s'eftre emparé de cette maniere, de tous les effets de cette fucceffion, il ne luy fut pas difficile de faire croire aux heritiers tout ce qu'il voulut ; & l'on n'aura pas de peine à fe perfuader, qu'eftant un Seigneur auffi puiffant, & auffi craint & redouté qu'il eft, dans toute l'étenduë de fon Gouvernement, ces pauvres heritiers n'auferent luy tenir tefte, & qu'il les obligea de confentir & de figner tout ce qu'il luy plût.

Si bien que lorfqu'ils fe prefenterent pour recüeillir la fucceffion, la premiere chofe qu'on leur dit, ce fut *qu'il n'y avoit rien à efperer pour eux, * & que le defunt avoit fait un Teftament, par lequel il avoit inftitué le Defendeur fon feul & univerfel heritier en tous fes biens, tant meubles, qu'immeubles, & dont il fe trouveroit faifi lors de fon decés.*

Et mefme pour décourager davantage ces pauvres heritiers, l'on ajoûta, que quand mefme le Sieur de Saint Germain ne feroit pas Legataire univerfel du defunt, il pretendoit que le defunt luy eftoit redevable de tres-grandes fommes de deniers, pour raifon de l'adminiftration qu'il avoit euë pendant plus de 46. ans, de tous les revenus de fa maifon, dont il n'avoit jamais rendu compte ; ce qui eftoit (difoit-on) plus que fuffifant d'abforber toute fa fucceffion.

De forte que par le moyen de ces fuppofitions, c'eft à dire, fous le pretexte de l'allegation d'un Teftament qui ne fut jamais, & d'une reddition de compte imaginaire ; à quoy mefme l'on ne manqua pas d'ajoûter les menaces, & toute l'authorité d'un Gouverneur de Province, qui eft tout puiffant dans l'étenduë de fon Gouvernement, & aux volontez duquel, de fimples particuliers n'aufent & ne peuvent pas mefme refifter, le defendeur obligea, ou plûftoft contraignit le pere du Demandeur & fes coheritiers, qui n'avoient aucune lumiere de la fucceffion, de faire & de figner tout ce qu'il voulut.

Pour cela, il les attira dans une petite ville nommée *Bellasbre*, diftante de fon Château de Saint Germain de 4. à 5 lieuës feulement, & là, le 4. Janvier 1649. fans leur avoir donné aucune connaiffance des titres ny des effets de la fucceffion, fans leur avoir fait voir le pretendu Teftament qu'il alleguoit, & fans l'avoir reprefenté ny aux parties, ny aux Nottaires, & fans mefme leur avoir juftifié la moindre chofe de toutes les pretentions qu'il difoit avoir fur la fucceffion, il les obligea de figner un acte, qu'il avoit apporté tout dreffé, au moins pour la plus grande partie. Et c'eft cet acte, de la validité duquel il s'agit maintenant, par lequel pour une fimple fomme de 14500. livres c'eft à dire pour un morceau de pain, & qu'il difoit mefme ne *donner que par charité*, il fe fit ceder & abandonner une fucceffion de plus de 60000. mille écus.

La feule preface de cet acte,* fuffit pour le détruire ; elle contient trois motifs ou trois caufes, mais toutes trois également fauffes, & juftifiées telles, & dont mefmes il n'eftoit pas au pouvoir des heritiers de fe deffendre, parce que n'ayans ny titres ny lumieres de la fucceffion, il eftoit aifé au defendeur de leur impofer tout ce qu'il vouloit.

La premiere caufe de cet acte eft, *Que tout le bien qu'avoit le Sieur de Godru, il l'avoit acquis dans la maifon de Saint Germain, & qu'il l'avoit ainfi reconnu.*
Or cette propofition eft vifiblement fauffe, par trois raifons, la premiere, parce qu'il eft juftifié, par les pieces mefmes du Defendeur, & par celles qu'il rendit au Demandeur pour juftifier fa Nobleffe, lors de la recherche des Nobles, que des feules fucceffions, qui eftoient échuës au defunt, il avoit en fonds de terre feulement plus de 4000. l. de rente, & cela dés avant l'année 1640. c'eft à dire dés avant mefme qu'il entraft au fervice du Defendeur, & partant impoffible que le defunt euft fait une telle reconoiffance, qui euft efté fauffe de tout point.
La feconde, Parce que le Defendeur eft demeuré d'accord dans fon Interrogatoire qu'il ne donnoit ny gages ny émolumens au defunt, doncques fes biens

*& tiers de son patri-
moine, dont il pou-
voit disposer selon la
Coûtume, par dispo-
sition du 25. Octobre
1648. & de plus que
quand il n'auroit fait
aucune disposition en
sa faveur, il preten-
doit demander red-
dition de compte de
ladite administration
qu'avoit euë ledit
Sieur de Godru de
ses biens, qu'il regis-
soit, gouvernoit, &
disposoit ainsi qu'il
vouloit, comme il est
notoire.*

ne sont pas venus de là.

Et la troisiéme, Parce que dans le mesme Interrogatoire, & encore en plaidant, le Defendeur a reconnû, que le defunt *estoit un homme d'honneur, de merite, & de vertu, & à qui il avoit les dernieres obligations.* Ce qui leve donc tout le soupçon qu'on pourroit avoir, que le feu Sieur de Godru se fust enrichi aux dépens du Sieur de Saint Germain, partant il est impossible que le bien du Sieur de Godru soit venu de la maison de Saint Germain.

La seconde cause de cet acte est, Que le defendeur *estoit sur le point de soûtenir, que le defunt avoit disposé en sa faveur de tous ses meubles & acquests, & du tiers de son patrimoine, dont il pouvoit disposer selon la Coûtume, par disposition du 25. Decembre 1648.*

La premiere observation qu'il faut faire sur ce discours, est, Que par l'Inventaire fait à Godru, l'on avoit dit hardiment, que *le defunt avoit fait fait un Testament, ou Ordonnance de derniere volonté,* au lieu qu'ici l'on se contenta de parler en termes generaux, *d'une disposition de biens,* sans dire, si cette disposition estoit par Testament ou par donation entre-vifs. La raison de cela est, qu'on jugea qu'il ne se falloit pas tant expliquer, & que les gens du Defendeur s'estoient trop avancez, dans l'Inventaire fait à Godru, de dire que c'estoit un Testament, parce qu'en ce cas l'on auroit demandé, est-il olographe ? est-il pardevant Notaires ? Où en est la minute ? Et quels sont les noms des témoins ? Car il est évident, que toutes ces questiôs se seroient presentées d'elles mesmes.

Si aussi l'on eust dit, que c'estoit une disposition entre vifs, elle eust esté sujette à insinuation, & ne s'en trouvant point de pareille au Greffe des Insinuations, le mystere eust esté promptement découvert.

De sorte que pour rendre la chose plus obscure, & oster aux heritiers tout moyen de découvrir la verité, on aima mieux parler en termes vagues & generaux, *d'une disposition de biens.*

La 2e remarque, est que par l'inventaire fait à Godru, l'on avoit dit que le Sieur de Godru *avoit institué le Deffendeur en tous ses biens, tant meubles qu'immeubles à luy appartenans, & dont il se trouveroit saisi lors de son deceds.* Au lieu que dans l'acte dont il s'agit, l'on se contenta de dire, *qu'il avoit disposé en faveur du Deffendeur, de tous ses meubles & acquests, & du tiers de son patrimoine, dont il pouvoit disposer selon la Coutume.*

La raison de cette difference est, que lors de l'inventaire fait à Godru, le Deffendeur avoit bien resolu de s'emparer de la succession, à la faveur de cette fausse & vaine allégation d'un testament ou d'une disposition du deffunt à son profit ; mais il n'avoit pas encore pris advis de conseil, pour sçavoir si le deffunt pouvoit luy donner tout son patrimoine ou le tiers seulement ; & c'est pourquoy s'estant du depuis consulté, celuy qui luy dressa l'acte, ne parla que *du tiers du patrimoine,* & non du tout.

La 3e observation, est que par l'inventaire fait à Godru, le Deffendeur avoit pris ouvertement les deux qualitez incompatibles, d'heritier & de creancier du deffunt, & mesme avec protestation de vouloir soûtenir l'une & l'autre ; Jusques là qu'il avoit dit nommément, qu'il estoit creancier pour raison de l'administration *faite par le deffunt, depuis six ans que son pere estoit decedé, & encore du vivant de son pere pendant plus de quarante ans.* Ce qu'il ne fit de la sorte, que pour intimider les heritiers, & leur faire peur.

Au lieu que par l'acte dont il s'agit, il se donna bien garde d'en user ainsi ; au contraire, desirant qu'il fust ferme & stable, il tascha de luy donner le plus de vrai-semblance qu'il pût ; & comme il n'estoit pas vrai-semblable que le deffunt fust comptable depuis quarante-six ans, & que jamais il n'eust rendu aucun compte, on dit seulement en termes generaux, que *le deffunt se sentant proche de sa fin, & reconnoissant son bien estre provenu de l'administration qu'il avoit euë dans la maison du Seigneur de saint Germain, il avoit disposé en sa faveur, &c.* sans plus parler *d'aucune reddition de compte.*

Or ces contradictions, qui se trouvent toutes dans la bouche & dans les pieces

ces du Deffendeur, monstrent visiblement que jamais le deffunt n'a fait de Testament, ny aucune autre disposition.

Et c'est aussi pour cela, que l'acte ne dit pas que ce prétendu Testament a esté représenté, ou qu'il a esté vû & lû en presence des Notaires ; ce qui jamais n'eust esté oublié, si cela eust esté fait.

Il ne dit pas non plus, pardevant quels Notaires il a esté passé. Il ne dit pas mesme s'il estoit Olographe ou pardevant Notaires ; ce qui monstre invinciblement la faussèté de cette allegation.

Aussi le Deffendeur, est tellement demeuré d'accord de cette faussèté, qu'interrogé, s'il estoit Olographe ou par Notaires, & qui estoit le Notaire qui l'avoit receu, il n'y a pû répondre. Et en plaidant & par son interrogatoire, il a avoüé qu'il n'avoit point ce pretendu Testament.

Il y a plus ; car encore que par l'acte dont il s'agit, on ait affecté de donner une datte à ce pretendu Testament, d'environ trois sepmaines avant la mort du deffunt ; Ce qui estoit bien-aisé à faire : Neanmoins on s'est bien donné garde de dire s'il estoit Olographe, ou pardevant Notaires, parce qu'au premier cas, il eust fallu qu'il fust demeuré attaché à la minute de l'acte ; & au second, il eût fallu declarer le nom du Notaire, & celuy des témoins, ce que l'on ne pouvoit pas faire.

Or cette reticence, de particularitez si importantes, & cette expression d'une beaucoup moins necessaire, doivent faire juger, que le deffunt n'a point fait de Testament, ny aucune autre disposition, & que l'allegation qui en fut faite par cét acte, est fausse & supposée.

Il faut mesme remarquer, que la maniere en laquelle l'acte parle de ce pretendu Testament, sert mesme à justifier la faussèté de cette allegation ; Car il ne dit pas positivement que le deffunt eust fait un Testament, mais seulement que *le Deffendeur estoit sur le point de soûtenir, que le deffunt avoit disposé, &c.* Et la raison pour laquelle il ne le dit pas positivement, c'est qu'il cragnit que les Notaires & les parties n'en demandassent la representation.

Or une enonciation de cette qualité, & faite de cette maniere, *obliquis verbis*, ne passa jamais pour un tiltre, & peut beaucoup moins en servir de preuve.

III. La troisiéme cause de cét acte, est *que le Sieur de Godru devoit compte au Deffendeur de toute son administration depuis quarante-six ans.* Ce qui estoit visiblement faux.

Car à l'égard de l'administration, faite pendant la vie du feu Sieur de S.Germain, les propres pieces du Deffendeur font foy, qu'il n'en pouvoit estre dû aucun compte.

Il a esté remarqué, qu'en l'année 1642. aprés la mort du feu Sieur de saint Germain, le Deffendeur conjura le Sieur de Godru d'accepter sa procuration, pour continuer l'administration de ses affaires.

Or cette procuration, qui est aussi ample & aussi generale qu'il s'en puisse voir, & qui auroit toûjours esté inconnuë au Demandeur, si le Deffendeur ne s'estoit advisé de la produire, suffit pour justifier, que le feu Sieur de Godru ne devoit aucun compte, pour tout le temps qui avoit precedé cette procuration.

Car premierement, elle monstre, que si le Sieur de Godru eust encore esté comptable, & mesme d'une administration de 40. années, jamais le Deffendeur ne l'eust prié de continuer ; Du moins il se seroit bien donné garde de luy donner une procuration si ample, si generale, *& mesme sans ancune reserve pour toute l'administratisn du passé* ; Ce qui est decisif.

En second lieu, elle fait voir, l'extréme confiance que le Deffendeur avoit au Sieur de Godru, & l'estime qu'il faisoit de sa preud'hommie & de sa bonne foy. Or il est contre la preud'hommie & contre la bonne foy d'un honneste homme, de ne point rendre compte, sur tout pendant une si longue suitte d'années. Cela n'est pas croyable, ny vrai-semblable, non pas mesme concevable.

En troisiéme lieu, la condition sous laquelle cette procuration fut donnée, à *telles personnes, pour tel prix, & sous telles charges, clauses, & conditions qu'il trouvera bon estre. De recevoir le prix des baux & d'en bailler acquits & quittances valables ; d'investir les Contracts d'acqui-tion des lieux mou-vans de ses Terres & Seigneuries De com-poser des droits de mortailles & des suc-cessions des hommes serfs. De passer ven-tes ou emphyteoses, pour tel prix, & sous telles charges & con-ditions qu'il advise-ra. D'en prendre & recevoir le prix, & en bailler quittances. Et enfin d'employer les deniers de sa re-cepte aux frais & à la dépense journa-liere de la maison de S. Germain ; dont il sera crû à son simple serment.*

Nota.

sçavoir d'employer les deniers de sa recepte, aux frais & à la dépense journaliere de la maison de S. Germain, dont il seroit crû à son simple serment, monstre encore, qu'il n'est pas possible qu'un homme, à qui pour toute seureté de l'administra-tion qu'on luy donne, l'on ne demande que *son simple serment*, peust estre encore comptable de son administration passée, & mesme depuis 40. ans.

Mais si cette procuration, justifie si puissamment cette verité, le legs de dix mille livres fait au Sieur de Godru, par le pere du Deffendeur, ne la prouve pas moins. Car en effet, y a t-il apparence que le feu Sieur de S. Germain eust fait en mourant un legs si considerable au Sieur de Godru, si le Sieur de Go-dru luy eust encore esté comptable de toute son administration depuis 40. ans ; & que mesme il l'eust fait avec éloge de son merite, de sa vertu, & du zele & de la fidelité qu'il avoit toûjours euë pour luy, assurément l'on aura peine à se le persuader.

Il faut donc conclure, que de toute l'administration du passé, il n'en estoit dû aucun compte.

Et quant à l'administration faite par le Deffendeur, il n'y a que trois ou qua-tre observations à faire, pour montrer qu'il n'en pouvoit estre dû non plus.

La premiere est, que par la procuration, le Sieur de Godru n'estoit pour tout obligé, *que d'employer les deniers de sa recepte aux frais & à la dépense journaliere de la maison de saint Germain, dont il seroit crû à son simple serment, suivant les me-moires & extraits qu'il en feroit.*

Or par les pieces mesmes du Deffendeur, il se void, qu'à mesure que le Sr de Godru recevoit quelque chose pour ledit Deffendeur, il l'emploit aussi tost aux affaires du Deffendeur, & *à la dépense journaliere de sa maison.* Aussi le bon sens & la raison le veulent ainsi ; car autrement dequoy cette maison auroit-elle esté entretenuë pendant six ans qu'a duré cette administration.

La seconde est, que le Sieur de Godru fut prés de trois mois malade, & mes-me d'une maladie qui ne luy ostoit point la liberté de rendre un compte s'il en eust dû, car c'estoit d'hydropisie. Or croira-t-on qu'il se soit vû ainsi mourant, durant un si long temps, sans rendre ses comptes en déposant l'administration qu'il ne pouvoit plus soûtenir.

La troisiéme observation, est qu'aux termes de la procuration, le Deffendeur n'avoit autre chose à luy demander, que *son simple serment, sur les memoires & ex-traits qu'il auroit faits.*

Or si veritablement il eust dû un compte, est il croyable que le Deffendeur qui ne luy pouvoit demander que *son simple serment*, eust attendu aprés sa mort à parler de ce compte, puisque des heritiers ne sont pas capables de faire ser-ment pour le deffunt.

Et quant *aux memoires & extraits* du deffunt, puisque le Deffendeur les a tous pris & tous soustraits, ainsi qu'il en demeure d'accord par son interroga-toire, il a visiblement témoigné, qu'il renonçoit donc à cette pretention ima-ginaire de reddition de compte. Parce qu'il auroit esté injuste qu'il eust pû de-mander un compte aux heritiers du deffunt, pendant qu'il avoit pardevers luy, toutes les preuves de la reddition d'iceluy ; ou du moins tous les papiers de rece-pte & toutes les décharges du deffunt. Outre qu'il s'estoit luy-mesme declaré non recevable à le pretendre, en prenant comme il avoit fait, la qualité d'heri-tier du deffunt, estant incompatible d'estre heritier & creancier à la fois.

La quatriéme observation, se tire du propre interrogatoire du Deffendeur, par lequel il a dit & repeté en plusieurs endroits, *qu'il estoit entierement content & satisfait des services du deffunt, & que c'estoit un homme de bien & d'honneur, & à la memoire duquel il avoit de grandes obligations.* Or ce langage ne peut s'accor-der avec cette prétention ridicule & imaginaire de reddition de compte.

Il est donc visible, que l'acte du 4. Janvier 1649. n'a pour seul & unique fon-dement, que des faussetez manifestes & justifiées telles ; & si le pere du Deman-deur & ses coheritiers en eussent eu la preuve, telle qu'elle paroist aujourd'huy,

& qu'ils s'en fuſſent plaints en Juſtice, il eſt indubitable, que le Sieur de S. Germain n'auroit jamais pû le ſoûtenir.

Mais s'ils ne s'en ſont pas plaints, il ne faut pas pour cela, que le Deffendeur en induiſe une fin de non recevoir contre le Demandeur, puis qu'il eſt juſtifié que leur mort precipitée leur en oſta le moyen.

Le pere du Demandeur, comme l'aiſné de la famille, eſtoit ſans doute le plus intereſſé & le plus lezé, & par conſequent c'eſtoit celuy que le Deffendeur craignoit le plus. Car il voyoit bien qu'il eſtoit comme impoſſible, que toſt ou tard, les heritiers ne découvriſſent la ſurpriſe épouventable qu'il leur avoit faite.

Le Sieur de S. Germain, n'eut donc rien tant à cœur, que de tirer du pere du Demandeur quelque acte approbatif de celuy du 4. Janvier, afin au moins de ſe conſerver par adreſſe, ce qu'il s'eſtoit acquis par fraude & par violence.

Dans cette penſée, il fit agir tant de reſſorts, & ſe ſervit ſi puiſſamment de ſon authorité de Gouverneur de Province, qu'il attira le pere du Demandeur dans ſon Chaſteau de S. Germain.

Ce fut au mois de Juin de l'année 1650. c'eſt à dire l'année ſuivante d'aprés l'acte dont il s'agit; temps auquel le pere du Demandeur n'avoit encore aucunes preuves, ny des forces de la ſucceſſion, ny des fauſſetés contenuës dans l'acte du 4 Janvier; Et il ne pouvoit pas meſme en avoir aucune, parce que le Deffendeur avoit ſoigneuſement caché & ſupprimé, non ſeulement tous les tiltres & enſeignemens de la ſucceſſion, juſques aux propres minutes; mais meſme encore tous les papiers & memoires du deffunt de quelque nature qu'ils fuſſent, & meſme tous ſes tiltres de nobleſſe, & tous les papiers de ſa famille, dont comme l'aiſné il eſtoit le depoſitaire. Tenant donc le pere du Demandeur dans ſon Chaſteau, il luy fut bien facile de l'obliger à ſigner tout ce qu'il voulut.

Pour cela, il ne luy fit pas directement ratifier l'acte du 4. Janvier; Cela euſt eſté trop groſſier, & euſt trop montré de deffiance de la validité de cét acte; mais il s'adviſa d'un moyen plus ſubtil & plus apparent, qui fut de faire une donation au Demandeur & à ſes ſœurs, qui pour lors eſtoient encore de petits enfans au berceau, & qu'il n'avoit meſme encore jamais vûs, de la proprieté d'une petite Terre de la ſucceſſion, appellée *Ronſay Bigot*, de valeur d'environ 450 livres de rente, & d'en donner l'uſufruit au pere du Demandeur, à la charge qu'il accepteroit la donation, tant pour luy, que pour ſes enfans. S'imaginant qu'aprés cette acceptation, il ne ſeroit plus recevable à reclamer contre l'acte du 4 Janvier.

Dans cét eſtat, il eſt viſible que le pere du Demandeur ne pût pas s'empeſcher de ſigner. Car comment un homme ſeul, & meſme un fort jeune homme tel qu'il eſtoit encore, euſt-il pû reſiſter à un Gouverneur de Province, dans ſon propre Chaſteau, au milieu de tous ſes Gardes, & d'une grande foule de domeſtiques? Il ne faut que le bon ſens pour en juger.

Auſſi la ſuitte a bien fait connoiſtre, que le pere du Demandeur ne ſigna cét acte que par force, & que jamais il n'eût deſſein d'accepter cette donation, veu qu'il ne la fit pas meſme inſinuer.

Et cette remarque, que cette prétenduë donation ne fut jamais inſinuée, eſt d'une conſequence infinie, tant pour en faire voir la nullité, & pour montrer, qu'elle ne peut donc produire aucun effet, que pour juſtifier cette verité ſi importante, que le pere du Demandeur ne la ſigna que par force & par violence.

Nota.

Elle ſervit pourtant à luy deſiller les yeux, & à luy donner des ſoupçons encore plus violens qu'il n'avoit eus juſques alors, de l'uſurpation violente du Sr de S. Germain, & de toutes les fauſſetez contenuës dans l'acte du 4. Janvier 1649.

Mais des ſoupçons n'eſtoient pas des preuves ny des lumieres certaines, & d'agir ſans preuves, ſans pieces, & ſans lumieres, contre un Gouverneur de Province, auſſi craint & auſſi redouté qu'eſt le Deffendeur, ç'euſt eſté ſe mettre au hazard , & vouloir tout perdre.

Il garda donc le ſilence pendant quelque t emps ; mais cependant il s'infor-ma ſecrettement à tous les amis du deffunt, à ſes fermiers & domeſtiques, à ſes voiſins, aux Medecins, aux Apotiquaires, & aux Preſtres qui l'avoient aſſiſté pendant ſa maladie, & meſme aux propres gens & domeſtiques du Sieur de S. Germain, & generalement à tous ceux qu'il apprit avoir vêcu le plus familie-rement avec luy ; & il apprit de toutes ces bouches differentes, non ſeulement les grands biens que ſon Oncle avoit laiſſez, qu'ils eſtimoient eſtre de plus de 60000.écus, mais que meſmes jamais il n'avoit fait de Teſtament ; & que bien loin qu'il euſt fait quelque diſpoſition en faveur du Sieur de S. Germain, il avoit formé le deſſein, lors que la maladie le prit, de quitter ſon ſervice, & de ſe retirer dans ſa maiſon de Godru , laquelle meſme il avoit fait tapiſſer, meu-bler, & pre parer pour cela, ainſi que l'inventaire qui fut fait dans cette maiſon le témoigne.

Ce fut alors, que le pere du Demandeur en lettres, reconnut la grandeur de l'injuſtice & de la ſurpriſe qui luy avoit eſté faite,& qu'outré du déplaiſir, de ſe voir de cette maniere ravir une ſucceſſion ſi riche & ſi opulente , il s'emporta en plaintes & en reproches contre le Deffendeur, & qu'il proteſta ha utement de ſe pourvoir en Juſtice, & d'en avoir reparation.

Mais ſelon toutes les apparences, que ces plaintes, ces reproches, & ces pro-teſtations verbales luy furent funeſtes.

Quoy qu'il en ſoit, & de quelque maniere que les choſes ſe ſoient paſſées, (car le demandeur n'en ſçait pas aſſez pour ſe bien expliquer là deſſus) tant-y-à qu'il eſt juſtifié au procez, que ſon pere eſtant allé au Château de S. Germain, pour ſe plaindre au defendeur,& luy demander juſtice de luy-meſme à luy-meſ-me, *le Vendredy 5. Ianvier 1652.en ſoupant chez le nommé le Picart,l'un des Gardes du Sieur de Saint Germain* , il ſe ſentit tout à coup fort mal , & mourut au meſ-mè lieu, 3. ou 4. heures aprés, ſur les 10. à 11. heures du ſoir, ſans que juſqu'à preſent l'on ait pû bien ſçavoir dans la famille, comment cette mort ſi prom-te, ſi ſubite, & ſi inopinée eſtoit arrivée à un homme qui n'avoit pas encore trente-cinq ans.

Mais au moins la Cour void, qu'il mourut 3.ans ſeulement aprés l'acte du 4. Janvier, & que jamais il ne luy fut poſſible de ſe pourvoir en juſtice contre cet acte, parce qu'il fut toûjours en une perpetuelle ignorance de la verité, & que du moment qu'il en eut quelques lumieres , la mort vint à la traverſe qui l'en empeſcha.Et par conſequent on ne peut donc pas dire qu'il y euſt contre luy aucune preſcription acquiſe, puiſque ſelon l'Ordonnance il avoit *dix ans con-tinuels* pour ſe pourvoir.

Il en eſt de meſme d'Iſaac & de Marie de Godru ſes ſeuls coheritiers,car il y a preuve au procez,qu'ils decederent dés l'année 1651. un ou deux ans ſeulement aprés l'acte du 4. Janvier.

Et comme ils ſont decedez ſans enfans, le demandeur & ſes ſœurs , ſont de-meurez ſeuls & uniques heritiers, & exercent leurs droits.

Or on ne peut pas oppoſer au demandeur aucune fin de non recevoir,fondée ſur la longueur du temps, puiſque lors du decés de ſon pere, il n'avoit que neuf ans, & que lorſqu'il s'eſt pourveu, il n'en avoit pas trente-deux, & par conſe-quent dans le temps porté par l'Ordonnance.

Le Sieur de Saint Germain,a bien à la verité,voulu conteſter les preuves que le demandeur a rapportées de ſon âge, ſous pretexte qu'elles n'avoient pas eſté compulſées avec luy, & c'eſt auſſi ce qui obligea la Cour d'ordonner, *que dans le lendemain S. Martin le demandeur rapporteroit ſon Extrait baptiſtaire com-pulſé partie preſente ou appellée.* Mais le demandeur y a du depuis ſi pleinement ſatisfait, que la Cour n'y trouvera rien à redire.

Par les pieces qu'il rapporte, il eſt nettement juſtifié, *qu'il eſt nay le 28. Decembre*

Decembre 1638. de maniere qu'il n'a donc commencé d'estre majeur, que le 28. Decembre 1663. Or depuis ce temps-là, jusqu'au 12. Avril 1670. qui est la datte de ses Lettres, il n'y a justement que 6. ans & 3. mois; & comme l'Ordonnance veut *dix ans continuels*, on pourroit soûtenir avec raison, que le demandeur lors de ses Lettres, avoit encore trois ans & neuf mois pour se pourvoir.

Mais à prendre mesmes les choses dans la derniere rigueur, c'est à dire en conjoignant les 3. ans que le pere du demandeur à vêcu, depuis l'acte du 4. Janvier, avec les 6. ans & 3. mois écoulés depuis la majorité du demandeur, il ne s'y trouve en tout, que 9. ans & 3. mois de temps utile pour la prescription, & partant nulle fin de non recevoir.

Il faut mesme remarquer, que si le demandeur a demeuré si long-temps à se pourvoir, c'est encore par un pur effet du dol & de la fraude du defendeur, qui à cause du reproche secret, que sa conscience luy a toûjours fait de cette injuste usurpation, & du vice & de la nullité de l'acte du 4. Janvier 1649. a toûjours craint que le demandeur ne se pourvût à l'encontre, & dans cette crainte qui l'a perpetuellement obsedé, il n'a eu pour unique but, que de tirer du demandeur quelque acte approbatif, & de l'amuser toûjours de paroles & de promesses, afin que cependant le temps de l'Ordonnance s'écoulast.

Aussi pour reüssir dans ce dessein, que n'a-t'il point fait dés la minorité mesme du demandeur? Quelles ruses n'a-il pas employées? Et quels ressorts n'a-t-il pas fait joüer. L'on peut aisément juger, que les caresses, les promesses d'emplois, & les riches & belles esperances, ont esté les moindres moyens dont il s'est servy pour tenter & pour surprendre l'esprit d'un jeune mineur, mais par un juste effet de la providence, ces mesmes ruses qu'il a employées pour surprendre le demandeur, ne servent aujourd'huy qu'à le confondre.

Car dans la passion où il estoit, d'avoir un acte approbatif de celuy du 4. Janvier, & dans la crainte qu'il avoit de ne pouvoir pas toûjours estre le maistre de l'esprit du demandeur, dés l'année 1659. (temps auquel le demandeur n'avoit encore que 21. an, ce que la Cour remarquera) il l'attira dans son Château de Saint Germain, & prenant pretexte de vouloir refaire une seconde fois la donation de la terre de *Ronsay-bigot*, * sur ce qu'il disoit luy-mesme, que *la premiere estoit nulle pour n'avoir pas esté insinuée*, il fit signer au demandeur l'acte qu'il en fit dresser, comme acceptant cette donation.

Il est bien clair, que cette acceptation faite par un mineur de 21. an, dans le Château mesme de sa partie, & contre laquelle, le demandeur a mesme en tant que de besoin pris des Lettres de restitution, ne fait aucun préjudice à son droict.

Mais elle sert infiniment, pour montrer que le Sieur de Saint Germain reconnoissant bien le vice & le deffaut de l'acte du 4. Janvier, n'a eu d'autre but que de le faire approuver, par tous ceux qui avoient interest de le combattre.

Elle montre encore, que le Sieur de Saint Germain a employé toutes sortes de ruses & de moyens pour surprendre le Demandeur, & pour l'empescher de se pourvoir.

Il y en a mesme au procez une preuve notable & bien singuliere; le Demandeur depuis long-temps, pressoit le Sieur de Saint Germain de luy faire justice, & de luy rendre la succession de son oncle; mais enfin lassé d'attendre, il ne se pût empécher de dire à quelqu'un, *qu'il en porteroit sa plainte aux grands Iours de Clermont.*

Cette parole fut aussi-tost rapportée au Defendeur, & elle ne manqua pas de reveiller toutes ses craintes, & de luy donner l'alarme, de telle sorte que pour détourner cet orage, qu'il voyoit *imminent*, il eut recours à ses artifices ordinaires, c'est à dire aux belles paroles, aux promesses & aux caresses extraordinaires.

Pour cela il dépescha incontinent un homme exprés; pour apporter une

C

Lettre de ſa part au Demandeur, bien qu'il demeure à 4. grandes journées de ſon Château de Saint Germain.

Par cette Lettre, * qui eſt du 9. de Novembre 1665. & qui fut écrite pendant la tenuë des grands Iours, il luy manda, de le venir trouver inceſſamment (ce ſont ſes termes) pour luy dire l'eſtat de ſa famille, qu'il vouloi: luy faire du bien, qu'il vouloit prendre ſoin de ſes enfans, les faire inſtruire & les eſlever ſelon leur qualité, & les mettre au Collège.

Et meſme pour faire croire au Demandeur, qu'il ne vouloit pas qu'il fiſt ce voyage à ſes dépens, il luy donna un mandement * de 300. livres à prendre ſur ſon Receveur ; mais ſous-main il fit pourtant defenſes à ce Receveur d'en rien faire.

Le Demandeur fut donc aſſez facile, pour aller trouver le Sieur de Saint Germain dans ſon Château, & aſſez credule pour preſter encore l'oreille à ſes vaines promeſſes, qui n'avoient d'autre but que de l'amuſer, & de l'empeſcher de ſe pourvoir.

La ſuite le montra bien, car les grands Jours ne furent pas ſi-toſt finis, & ſa peur diſſipée, qu'il ſe mocqua de toutes ſes promeſſes, & qu'il n'en voulut executer aucune.

C'eſt donc ce qui a obligé le Demandeur, de lever enfin le maſque, & de demander en juſtice, le bien de ſes peres, qu'on luy retient ſi injuſtement.

Nous diſons, le bien de ſes peres, car bien qu'il ne s'agiſſe que d'une ſucceſſion collateralle, neanmoins la Terre & Seigneurie de Godru, en fait une portion conſiderable ; Or cette Terre a eſté de tout temps dans la famille du Demandeur & ſes Anceſtres luy ont meſme donné leur nom.

Et comme il a veu, que le Defendeur ne luy oppoſoit que l'acte du 4. Janvier 1649. il a pris des Lettres de reſtitution, tant contre cet acte que contre tous les pretendus actes approbatifs d'iceluy, & c'eſt ſur cette demande en Lettres qu'il échet maintenant de prononcer.

Les moyens de ces Lettres ſe recüeillent aiſement de tout ce qui a eſté expoſé ; & ils peuvent meſme ſe reduire à cinq principaux.

Le premier eſt, la force & la violence, de la part d'une perſonne d'authorité, & d'un Gouverneur de Province, contre de ſimples particuliers.

Cette violence conſiſte, en ce qu'il empeſcha les heritiers du defunt de le voir pendant ſa maladie, en ce qu'il s'empara de la ſucceſſion de ſon authorité privée, ſans aucun droit, & ſans aucune forme de juſtice, ce que la loy appelle vim privatam * & enfin, en ce qu'il s'en empara meſme ſans faire Inventaire, & particulierement des titres & papiers qu'il retient encore tous.

Le ſecond moyen, eſt le dol perſonel, qui conſiſte en ce que le Defendeur oſta aux heritiers toutes les lumieres de cette ſucceſſion, & par ce moyen les obligea, eux qui devoient eſtre ſaiſis & inſtruits de tout, & qui cependant n'eſtoient ſaiſis de rien, & qui n'avoient aucunes lumieres, de tranſiger avec luy qui eſtoit parfaitement inſtruit, comme ayant tous les titres, papiers & effets du defunt, & de tranſiger comme bon luy ſembla. *

Il faut meſme remarquer, que quand il n'y auroit que la ſeule ſuppreſſion de tous les titres & enſeignemens de la ſucceſſion, ce ſeul moyen ſuffit pour faire enteriner les lettres, parce que c'eſt une maxime inconteſtable, que quand une perſonne a ſouſtrait & ſupprimé les titres de ſa partie, pour tranſiger plus avantageuſement avec elle, la Tranſaction eſt nulle de plein droit.

Cette maxime eſt fondée, ſur la loy 19. C. de Tranſ. où l'Empereur dit, Sane ſi perſe vel per alium, ſubſtractis inſtrumentis, quibus veritas argui potu't, deciſionem litis extorciſſe probetur, ſiquidem actio ſupereſt, replicationis auxilio doli mali, pacti exceptio removetur ; ſi verò jam perempta eſt, intrà conſtitutum tempus actionem de dolo potes exercere.

Surquoy la Gloſe expliquant cette loy, a dit plus clairement, qui perſe vel per alium ſubſtraxit inſtrumenta adverſarii, ut cum eo tranſigeret utilius, tranſactione non juvatur.

Mais il y en a une belle decifion, dans la loy *Tres fratres ff. de pactis.* Où le Jurifconfulte dit, *fi pacti conventi exceptio, his qui fraudem à Titio commiffam ignorantes tranfegerunt, objiciatur, de dolo utiliter replicari poffunt.*

La loy, *Qui cum Tutoribus. §. qui per fallaciam. ff. de Tranf.* eft encore plus formelle, *qui per fallaciam cohæredis, ignorans univerfa quæ in verò erant, inftrumentum tranfactionis interpofuit, non tam pacifcitur quam dicipitur.*

L'application de ces loix fe fait d'elle-mefme, le pere du Demandeur & fes coheritiers, *fraudem à Titio commiffam ignorantes, tranfegerunt; Ergo de dolo utiliter replicari poffunt.*

Ils ont tranfigé, il eft vray, mais ç'a efté dans l'ignorance de leurs droits, & dans la furprife qui leur a efté faite, & de cette maniere, ils n'ont pas tant tranfigé, qu'ils ont efté deceûs & trompez. *Non tam pacifcitur quam dicipitur.*

Le troifiéme moyen des Lettres, eft *la fuppofition évidente & manifefte.* En ce qu'il eft juftifié que l'acte du 4. Janvier 1649. n'a eu pour motif & pour fondement, que des fauffetez impudentes, comme il a efté montré cy-deffus.

Le quatriéme moyen, eft que cet acte a efté fait, fur la préfupofition d'un Teftament, ou d'une difpofition du defunt; bien qu'il n'y en ait jamais eu. Or la loy dit, *de his controverfis quæ ex Teftamento proficifcuntur, neque tranfigi, neque exquiri veritas aliter poteft, quam infpectis cognitifque verbis Teftamenti. l. 6. ff. de Tranf.*

Une autre loy dit, *nulla eft Tranfactio, non vifis neque cognitis verbis Teftamenti. l. 1. §. 1. in fine ff. Teftam. quemad.*

C'eftoit donc au Sieur de Saint Germain, a rapporter le pretendu Teftament du defunt, puifqu'il s'en difoit Legataire univerfel, parce que *res non præfumitur donata, nifi donatio probetur.* & c'eft auffi par cette raifon, qu'il eft dit en la loy *fin. C. de Edicto, D. Adr. Toll.* que, *fi quis ex Teftamento hæredem fe dicit, id probare debet, per oftenfum Teftamentum, & quidem non viciofam nec cancellatum.*

Le cinquiéme & dernier moyen, eft *la lezion enorme,* puifque par le moyen de toutes ces fraudes, l'on contraignit les heritiers de fe contenter de Quatorze mil cinq cent livres, au lieu de plus de Soixante mil écus qui devoient leur revenir de cette fucceffion.

Si bien qu'aprés des moyens fi forts & fi bien établis, il eft vifible que les Lettres du Demandeur ne peuvent pas recevoir de difficulté. Il faut neantmoins répondre fommairement aux Objections du Deffendeur.

Réponfe aux principales Objections du Sieur de S. Germain.

LEs fins de non recevoir, font tres-fouvent l'azyle de la mauvaife foy, & le dernier retranchement de ceux qui ont une méchante caufe; Et c'eft par cette raifon, que le Deffendeur s'efforce de s'y retrancher autant qu'il peut. Mais c'eft bien en vain, puis qu'encore qu'il allegue plufieurs fins de non recevoir, neanmoins il ne fçauroit en juftifier aucune.

Premiere Objection. *Que la Tranfaction dont il s'agit, a efté faite avec trois perfonnes majeures, & que l'Ordonnance de Charles IX. de l'An 1560. ferme la bouche aux majeurs qui ont tranfigé.*

RESPONSE. Il eft étrange de ce que l'on allegue l'Ordonnance de Charles IX. touchant les Tranfactions, vû mefme qu'il commence ainfi; *Authorifons toutes Tranfactions* QUI SANS DOL ET FORCE SERONT FAITES ET PASSE'ES *entre nos fubjets, &c.* Doncques du moment qu'il y a *du dol ou de la force*, le majeur eft auffi bien fondé de s'en plaindre que le mineur.

Seconde Objection. *Les Lettres du Demandeur sont obtenuës en 1670. contre une Transaction passée le 4. Ianvier 1649.*

Loüis XII.1510. Art.46.& 58.

Ordonnons que toutes rescisions & annullations de contracts, distracts, ou autres actes quelconques, fondées sur dol, fraude, circonvention, crainte, violence, ou deceptió d'outre moitié du juste prix, se prescriront, tant en nos Pays coûtumiers, que de Droict écrit, par le laps de X. ans continuels, à compter du jour que lesdits contracts, distracts, ou autres actes, auront esté faits. Et que la cause de crainte, violence, ou autre chose legitime, empeschant de droit ou de fait la poursuite desdites Rescisiós, cessera: Nonobstant Statuts, Coutumes, ou Vsances quelconques à ce contraires, ausquelles quant à ce nous dérogeons.

* *Nota.*

RESP. Ceux qui ont Transigé, avoient selon l'Ordonnance * *dix ans continuels* pour se pourvoir. Mais deux d'iceux sont morts dans l'an mesme de la Transaction, & sont morts sans enfans; Le troisiéme qui estoit le pere du Demandeur, est aussi mort trois ans aprés la Transaction. Doncques nulle prescription contr'eux. Et comme les uns & les autres ont transmis en la personne du Demandeur leur heritier, tout le droit qu'ils avoient de reclamer, parce que *hæres est qui succedit in universum Ius quod defunctus tempore mortis habuit.* Il s'ensuit que la prescription des dix ans, n'a donc commencé de courir, que du jour que le Demandeur a esté majeur; c'est à dire du 28. Decembre 1663. parce que *contra non valentem agere non currit prescriptio.* Or s'estant pourvû en Avril 1670. il est visible qu'il s'en falloit trois ans & neuf mois, que la prescription ne fust acquise.

Troisiéme Objection. *Que la minorité du Demandeur n'est pas bien justifiée, & qu'on ne peut s'arrester à son extrait baptistaire.*

RESPONSE. L'âge du Demandeur, a esté compulsé contradictoirement avec le Deffendeur, & on l'a trouvé sur le Registre des mariages & des baptesmes de l'Eglise St. Jean de la ville de Bourganeuf, au fol. 107. recto. dans l'art. 4. de la page, en ces mots.

Decembre 1638.

Le 28. Decembre 1638. a esté baptisé Antoine, fils de Gedeon de Godru Sieur de la Roche, & de Catherine Raunat sa femme; a esté son Parain, Maistre Antoine Trompondon Advocat, & sa Marreine Françoise de Ioye, femme de Gregoire Raunat. Signé IACOB, Prestre Vicaire de Bourganeuf.

L'on ne dit point que ce Registre ait esté alteré ou falsifié; & c'est pourquoy * aussi il n'y a point d'inscription de faux à l'encontre: ce que la Cour remarquera.

Que si ce Registre, ne fait pas mention du moment de la naissance, & s'il n'est point signé du parein ny de la marreine, l'on n'en peut rien induire contre la verité de cét extrait, par plusieurs raisons.

La premiere. Que le procez verbal de compulsoire rapporte plusieurs autres baptesmes, faits dans les années 1637. & 1638. qui sont tous dans la mesme forme; Ce qui montre que l'usage du païs n'estoit pas en ce temps là, de faire signer les pareins & les mareines; & beaucoup moins de faire mention du moment de la naissance; parce que l'on a coûtume d'y baptiser les enfans, si-tost qu'ils sont nais.

Aussi le Demandeur a justifié ce mesme usage, par plusieurs autres pieces authentiques qui sont au procez.

La seconde. Que de tous les extraits baptistaires que l'on produit tous les jours, & sur tout des Provinces éloignées, l'on n'en verra pas deux, ou le moment de la naissance soit compris; Ce qui est arrivé par la negligence des Ecclesiastiques à faire leur devoir, & par celle des Officiers des lieux à les y contraindre. Et c'est aussi ce qui a obligé sa Majesté d'y pourvoir, dans le Tilt. 20. de la nouvelle Ordonnance.

Mais sous pretexte que c'est un abus, il ne faut pas pour cela, rejetter des extraits baptistaires faits il y a plus de trente ans, selon l'usage du païs, dans un temps non suspect, & dans toute la bonne foy possible, sur tout lors qu'il ne paroist point qu'ils ayent esté alterés ou falsifiés. Et c'est aussi ce que la Cour n'a jamais fait.

La troisiéme raison, est que le Demandeur justifie que ses pere & mere ne
furent

furent époufez que *le 28. Novembre 1637*, Doncques il ne pouvoit naiftre plû-
toft qu'au bout des neuf mois fuivans, c'eft à diré en Septembre 1638. Mais au
lieu de cela, il ne nafquit qu'en Decembre fuivant, ainfi que le porte fon Extraict baptiftaire.

Et l'on ne peut pas croire, que cette datte ne foit pas fidelle ; Car pourquoy
faire cette erreur en ce temps-là ? *Cui bono ?* Songeoit-on à tout ce qui eft arrivé du depuis ? Pouvoit-on mefme y fonger ? pouvoit-on le deviner ? Il eft clair
que le Deffendeur ne le peut pas dire.

Il eft vray, que le Regiftre d'où cét Extraict a efté tiré, s'eft trouvé entre les
mains des heritiers du Vicaire qui l'a fait ; au lieu que felon l'Ordonnance & les
Reglemens, il devoit eftre dans le depoft public. Mais qui peut ignorer, que
dans les Provinces éloignées, les heritiers des Curés, des Vicaires, des Greffiers
& des Notaires , fuccedoient cy-devant à leurs regiftres & à leurs minutes , &
que mefme fouvent ils les partageoient entr'eux. Ne fçait-on pas, que la Cour
a efté fouvent obligée, de faire divers reglemens contre cét abus ? Ne fçait-
on pas encore, que ces reglemens ont efté fi peu fuivis, qu'il a fallu mefme que
fa Majefté y ait pourvû par fa nouvelle Ordonnance Tit. 20.

Mais fi l'Ordonnance & les Reglemens n'ont pas efté obfervez , le Demandeur n'en eft pas caufe ; & il ne feroit pas jufte de luy en faire porter la peine , puis qu'il eft conftant, que le regiftre compulfé, eft le veritable regiftre *des*
mariages & des baptefmes de ce temps-là ; lequel eft en tres-bonne forme, figné
par tout du Vicaire qui l'a fait; & contre lequel il n'y a point d'infcription de
faux.

Quatriéme Objection. *Que la celebration du Mariage des Pere &*
Mere du Demandeur, fe trouve anterieure de 17. mois à leur Contract
de Mariage; qu'il eft vray femblable, que fa naiffance a precedé le Ma-
riage, & qu'elle n'en a pas efté la fuite, mais la caufe neceffaire; qu'on l'a
cachée, pour cacher la honte de fa Mere; & qu'on a differé fon Baptefme
pour couvrir & excufer le crime de fes parens.

Response. Il y a lieu de s'étonner, de ce que le Deffendeur tient aujour-
d'huy ce langage , vû que jufques au prefent procez , il a perpetuellement reconnu ce Mariage pour tres-valable, & qu'il a toûjours agy & traitté avec le
Demandeur, comme avec un fils legitime, jufques-là mefme, qu'il paraift qu'il
a fait une prétenduë donation, aux enfans *iffus de ce mariage* ; Auffi il eft luy-mefme fi peu perfuadé de tout ce qu'il dit là deffus, qu'il n'a ofé ny s'infcrire en faux
contre les preuves de ce Mariage, ny prendre mefme aucunes conclufions con-
tre iceluy.

Il eft vray, que le Contract de Mariage, eft pofterieur de 16. ou 17. mois à la
Celebration ; mais eft-ce une chofe nouvelle ? Cela ne s'eft-il jamais vû ? Et
peut-on dire que le Mariage en foit moins legitime pour cela ? Ne fçait-on pas
que ce n'eft pas le Contract qui fait le Mariage, mais le confentement legitime,
& la celebration publique & folemnelle d'iceluy, fur tout entre perfonnes majeures & maiftreffes de leurs droicts.

Or la celebration & la benediction du Mariage des Pere & Mere du Demandeur, font fi bien juftifiées, & par tant de pieces & fi authentiques, qu'elles
ne le peuvent pas eftre davantage. Ainfi le Deffendeur qui par des conjectures
chimeriques & malicieufes, tafche d'empoifonner toutes chofes, a d'autant plus
mauvaife grace, de vouloir infinuer des fcrupules touchant l'honneftsé & la
validité de ce Mariage, que la Loy préfume toûjours pour le bien , pour la dé-
cence, & pour l'honnefteté, & qu'elle n'écoute jamais tout ce que l'on peut
dire au contraire, tandis que l'on n'apporte pour toutes preuves, que de vains
difcours, & des conjectures cerebrines, qui ne fervent qu'à faire voir la malice &

D

la calomnie de celuy qui les avance.

Il faut donc qu'il demeure pour conftant, que le Demandeur eft nay le 28. Decembre 1638. qu'ainfi il n'a efté majeur que le 28. Decembre 1663. & par confequent s'eftant pourvû le 12. Avril 1670. il n'y a juftement que fix ans & trois mois de temps utile pour la prefcription, au lieu *des dix ans continuels* que veut l'Ordonnance.

Son Pere mourut le 5. Janvier 1652. & non le 2. Fevrier, comme le dit fauffement le Deffendeur. Or joignant mefme les 6. ans & 3. mois que le Demandeur a tardé à fe pourvoir, avec les 3. ans complets que fon Pere a vefcu, depuis l'acte du 4.e Janvier 1649. il n'y a juftement que 9. ans & 3. mois, & partant nulle prefcription, de quelque maniere qu'on le prenne.

Cinquiéme Objection. *Que la Tranfaction contient une ceffion de droicts fucceffifs univerfels, en quoy la reftitution pour lezion n'eft point reçeuë.*

R E S P O N S E. *Ou* la reftitution n'eft fondée que fur la fimple lezion, que les Docteurs, & mefme l'Ordonnance, appellent *dolus reipfa*; & en ce cas, il eft vray que la reftitution n'a pas de lieu. *Ou bien* elle eft fondée fur le dol perfonnel, fur la fraude, & fur la violence, & dans ce cas elle a toûjours efté reçeuë. L'Ordonnance de Charles IX. de l'an 1560. y eft formelle.

Sixiéme Objection. *Que la Tranfaction a efté executée & approuvée par ceux-là mefme qui l'ont faite, & par plufieurs Actes.*

R E S P O N S E. Les Actes approbatifs cottez par le Deffendeur aboutiffent à deux; Le premier confifte dans la reception de la fomme de 14500. livres, & dans le partage de cette mefme fomme, fait entre les heritiers. Et le fecond dans la pretenduë acceptation de la donation de *R onfay-Bigot.*

A l'égard du premier, il ne peut paffer, pour une approbation ny pour une execution de l'acte, puifque c'eft l'acte mefme; car l'acte, la reception de cette fomme, & le partage d'icelle, tout cela fut fait fur le champ, *in continenti*, & le tout ne compofe qu'un feul & mefme acte; Or puifqu'il y a eu du dol & de la fraude dans la paffation de l'acte, comme il a efté montré, doncques il y en a eu, dans toutes les parties d'iceluy, veu que le tout a efté fait *eodem momento*, dans la mefme furprife, & dans la mefme ignorance.

Quant à la pretenduë acceptation de la donation de *Ronfay-bigot*, on a tort de l'alleguer, pour une approbation de l'acte du 4. Janvier, puifque dans toute la donation, il n'en eft pas dit un feul mot.

Et quand mefme elle pourroit eftre prife, pour une approbation tacite de cet acte, il y a 4. circonftances, qui font que le Defendeur ne s'en peut prevaloir.

La premiere, Que cet acte a efté paffé dans le propre Château du Defendeur, c'eft à dire dans un lieu où le pere du Demandeur n'avoit aucune liberté, & où le Defendeur l'avoit attiré par addreffe.

La feconde, Que le pere du Demandeur, témoigna fi bien qu'il n'accepteroit point cette pretenduë donnation, & qu'il ne la figna que par force, que jamais il ne la fit infinuer. Ce qui la rend nulle de plein droit; or d'un acte nul, & abandonné, on n'en peut tirer de confequence.

La troifiéme, Que cette pretenduë acceptation fut faite, dans la mefme ignorance, & avec toute la mefme furprife que l'acte du 4. Janvier. Or fuivant *nos* regles, *N on peccat qui nefcit peccare.*

Et la quatriéme, Que du moment que le pere du Demandeur, voulut éclater & fe pourvoir contre toutes ces furprifes, la mort vint malheureufement à la traverfe, qui l'en empefcha.

Or dans toutes ces circonftances, il eft vifible que cette pretenduë accepta-

Nota.

tion, ne peut eftre objectée comme une fin de non recevoir ; & que puifqu'on void toûjours, une mefme ignorance & une mefme continuation du dol & de la fraude, il faut de neceffité que la reftitution ait lieu indiftinctement *initio infpecto.*

Sur tout fi l'on confidere, que fuivant la doctrine des Arrefts, & l'avis de tous les Docteurs, les dix ans de l'Ordonnance, ne courent mefme jamais que *à die notitiæ.* * jufques-là mefme que fi entre le jour de l'acte, & le jour de la connaiffance du dol & de la fraude, l'on avoit fait un milion d'autres actes approbatifs du premier, mais dans la mefme ignorance & dans la mefme furprife que le premier, la reftitution au-roit toûjours lieu, *initio infpecto.* Parce que *Errantis nullus confenfus, nulla voluntas.*

* *Voyez* M^r. *Loüet. C. n. xi. Mornac. in l. 2. c. fitut. vel cur.interv.*

C'eft auffi ce qui a fait dire à Monfieur Bourdin, dans fon Commentaire fur l'art. 134. de l'Ordonnance de 1539. *Qu'il y a plufieurs cas, efquels les Majeurs font receus à reftitution, mefme aprés les dix ans, comme lors qu'une partie a malicieufement fouftrait & caché les pieces par lefquelles on pouvoit demander la reftitution, & que par ce moyen elle a ofté les moyens de le faire ; Car alors* (dit. il) *la prefcription de dix ans ne peut courir, que du jour que cela eft venu à la connaiffance de la partie, parce que cette ignorance eft caufée, par le dol & la fraude de la partie adverfe.*

Nota.

Il y en a une belle decifion, dans la loy premiere, *In princ. ff. de dolo malo.* où le Jurifconfulte dit, *Prætor adverfus varios & dolofos, qui aliis obfuerunt calliditate quadam, fubvenit, ne vel illis malitia fua, fit lucrofa, vel iftis fimplicitas damnofa.*

Mais il y a plus, car quand on dit, que lors qu'on a une fois approuvé un acte, on ne s'en peut plus faire relever ; cela eft bon, lorfque l'on ne combat cet acte que de nullité feulement, comme fi l'on ne difoit autre chofe, finon que le Teftament fur lequel on a tranfigé, eftoit nul, pour quelque defaut en la forme refultant du Droit ou de la Coûtume ; Mais quand on foûtient l'acte faux, ou qu'on dit, comme fait le Demandeur, que jamais il n'y a eu de Teftament, & que c'eft une fuppofition évidente, il eft certain qu'en ce cas, quelque approbation qui ait efté faite, il n'y a jamais de fin de non recevoir ; & que non feulement celuy qui a approuvé l'acte, mais auffi fon heritier, eft recevable à alleguer le faux, en quelque temps que la fauffeté vienne à fa connaiffance c'eft la decifion précife de la loy, *fi poft divifionem, C. de juris & facti ignorantia,* où l'Empereur dit, *fi poft divifionem factam, Teftamenti vitium, in lucem emerferit : Ex his quæ per ignorantiam confecta funt, præjudicium tibi non comparabitur. Oftende igitur Teftamentum fide veri deficere, ut folidam fucceffionem obtineas.*

L'application de cette loy, fe fait d'elle-mefme ; les heritiers du defunt ont tranfigé, dans la creance qu'il y avoit un Teftament ou une difpofition en faveur du defendeur, ils ont encore, dans cette mefme creance, executé la tranfaction ; mais aujourd'huy, que les parties font encore dans le temps de l'Ordonnance, l'on découvre que l'allegation du Teftament eftoit une fauffeté, que jamais il n'y en a eu, que jamais il n'a efté reprefenté, que le Defendeur luy-mefme, eft tellement contraint de reconnaiftre cette verité, qu'il ne fçauroit faire voir ce pretendu Teftament, non pas mefme dire, s'il eftoit olographe ou pardevant Nottaire, ny declarer le nom du Nottaire qui l'a receu. Or en ce cas, la loy répond, *Ex his quæ per ignorantiam confecta funt, præjudicium tibi non comparabitur. Oftende igitur Teftamentum fide veri deficere, ut folidam fucceffionem obtineas.*

VIIe Obiection. *Qu'il y a eu different, entre le Demandeur & fes Sœurs pour le partage de la Terre de Ronfay-bigot, fur ce que fes Sœurs pretendoient qu'elle devoit eftre partagée également aux termes de la donation, & que le Demandeur au contraire vouloit y avoir fon droit d'aifneffe ; & que là deffus le Defendeur auroit expliqué fon intention , par aéte du 8. Iuin 1659. ce qui eft (dit-il) une confirmation & de la donation & de la tranfaétion.*

R E P O N S E. Cette pretenduë conteftation ne paroift point au procez, mais quoy qu'il en foit, tant s'en faut que cet aéte du 8. Juin 1659. puiffe fervir au Defendeur, qu'au contraire il ne fert qu'à le confondre davantage, comme il a efté montré cy-deffus page 14. & 15.

Huitiéme Objeétion. *Que le Defendeur continuant fes liberalitez accoûtumées, donna au Demandeur au mois de Novembre 1665. un mandement de 300. livres à prendre fur le Fermier de Godru, & qu'il a accepté ce mandement.*

R E P O N S E. Il eft fuppofé, que le Demandeur, ait jamais accepté ce mandement, ny fait de pourfuites en confequence : il eft encore fuppofé qu'il fuft fur le Fermier de la terre de Godru, l'infpeétion fera foy qu'il eft, fur le nommé *de la Fons*, Receveur du Defendeur. Au furplus le Demandeur a expliqué cy-deffus, p. 10. l'occafion pour laquelle ce mandement fut donné, & comme les chofes fe pafferent, ce qui n'eft qu'à la confufion du Demandeur.

Neufiéme Objeétion. *Que les deux Sœurs du Demandeur font dans le filence, bien quelles ayent un pareil intereft.*

R E S P O N S E. Les Sœurs du demandeur ne peuvent avoir un intereft pareil au fien, puifqu'elles ne peuvent rien pretendre dans tous les meubles, & que le Demandeur à les deux tiers, & les autres avantages de l'aifneffe, dans les terres de la fucceffion. Dailleurs leur filence ne pourroit pas faire de préjudice au Demandeur, eftant libre à chacun de pourfuivre fes droits. Mais c'eft mal à propos que le Defendeur l'allegue, puifquelles ont efté receuës parties intervenantes au procez, & qu'elles ont employé, tout ce que le Demandeur a écrit & produit.

Dixiéme Objeétion. *Qu'il n'y a point eu de violence dans la paffation de l'aéte du 4. Ianvier, qu'auffi il n'y a eu aucune proteftation de la part des heritiers ; que mefme le Demandeur n'avoit garde de faire aucune violence, ny de s'emparer des biens du defunt, de fon authorité privée, ny d'empefcher les heritiers de faire fceller, ny de requerir tout ce qui bon leur fembla, puifqu'il eftoit à Paris lors du deceds ; & qu'enfin il ne s'eft mis en poffeffion qu'en vertu de la Tranfaétion.*

R E S P O N S E. Il a efté remarqué cy-deffus page 10. en quoy confifte la violence qui eft articulée par les Lettres, & l'on a montré, que mefme la loy l'appelle en propres termes, *vim privatam.*

D'ailleurs ne fçait-on pas, qu'il y a une efpece de force, & de violence, que les Loix & les Doéteurs appellent, *vim neceffitatis impofitæ*, qui eft mille-fois plus dangereufe, que la violence qui fe fait à force ouverte, parce qu'on peut fe deffendre de celle-cy, mais de l'autre il eft impoffible de le faire. A peu prés comme l'on dit, que le rapt de feduétion, eft plus dangereux, & auffi plus criminel, que celuy qui fe commet tout ouvertement.

Le Jurifconfulte Calliftrate, *in l. 7. ff. ad leg. Iul. de vi priv.* dit là deffus fort à propos, *Cum Marcianus diceret, vim nullam feci, Cæfar dixit, Tu vim*
putas

putas effe folùm, fi homines vulnerentur. Vis eft, & tunc quotiens quis id quod deberi fibi putat, non per judicem repofcit, non putò autem nec verecundiæ, nec dignitati tuæ convenire, quicquam non jure facere.

L'on fait donc force & violence à quelqu'un, non feulement quand on l'attaque ou qu'on l'outrage à force ouverte ; mais encore quand par dol & fraude on le porte, ou qu'on l'oblige à faire ce qu'il n'euft jamais fait, s'il euft efté mieux inftruit.

Par exemple, quand on ofte à une perfonne, tous les moyens qu'il peut avoir pour vivre, à la verité on ne le poignarde pas & on ne l'affomme pas pour cela, mais on ne laiffe pourtant pas de le forcer de mourir, & on luy en impofe la neceffité, quoy que d'ailleurs on ne le touche pas.

Lorfqu'une fucceffion échoit, à des heritiers qui demeurent loin du domicile du defunt, & qui ignorent l'eftat de fa maifon & de fes affaires, & qu'il arrive que le Voifin, ou l'hofte du defunt, divertiffe fecrettement fes effets & fes titres, & qu'enfuite il induife les heritiers à luy ceder la fucceffion ; il eft évident, qu'à moins que les heritiers, n'ayent efté advertis de la furprife, & du divertiffement des effets, il les obligera par ce moyen, de la luy abandonner pour ce qu'il voudra, parce que n'ayans d'autre connaiffance de la fuceffion, que celle qu'il luy plaift de leur donner, ils font bien forcez & contraints de faire tout ce qu'il veut, & ils ne s'en peuvent pas mefmes garentir, parce qu'eftans dans l'ignorance, ils ne s'en defient pas, *ignoti nulla cupido.*

Or fi un tel procedé, eft qualifié *violence* par la loy mefme, à l'égard de toutes fortes de perfonnes, combien plus le fera-t-il à l'égard d'une perfonne puiffante, contre de pauvres particuliers ; à l'égard d'un Gouverneur de Province, craint, & redouté comme eft le Demandeur, contre de fimples Gentilshommes fans forces, fans credit, & qui n'auroient pas mefme eu la hardieffe de luy repliquer.

Cela mefme fert de réponfe, à ce que l'on dit, que les heritiers n'ont fait aucune proteftation, car l'on ne fait jamais de proteftations que quand on fcait le dol & la fraude, ou du moins quand on s'en doute ; mais dans l'ignorance de toutes chofes, on ne s'en avife point. Outre que ce deffaut de proteftations ne fait rien icy, puifque l'Ordonnance donne indiftinctement *dix ans continuels* pour fe pourvoir, & mefme dix ans *à die notitiæ*, & qu'elle ne dit point qu'il faille faire de proteftations. Nota.

Et la raifon que le Demandeur allegue, *qu'il eftoit à Paris lors du deceds*, ne fait rien non plus ; parce que la feule preface de l'Inventaire fait à Godru, fait voir que toutes chofes fe firent par fes ordres, & que fes gens ne firent qu'executer fes commandemens.

Il paroift d'ailleurs, que du moment qu'il eut appris, que le deffunt s'affoibliffoit, il précipita de telle forte fon retour, qu'il fut prefque auffi-toft à faint Germain, que le deffunt fut decedé. Il eut mefme tant de peur que les heritiers fuffent informez de la verité, qu'il n'eut pas un moment de relafche, jufques à ce qu'il leur euft fait figner l'Acte du 4ᵉ Janvier ; & c'eft pourquoy cét Acte fe trouve fait, feize jours feulement aprés le deceds du deffunt, bien que lors du deceds le Demandeur fuft encore à Paris, comme il le dit luy-mefme, & que les heritiers demeuraffent à plus de quarante lieuës de là. Il ne fe peut pas voir une plus grande precipitation.

Mais cét Acte ne fut pas, ce qui le mit en poffeffion, ainfi qu'il le dit fauffement ; il y eftoit déja, & s'y eftoit mis de fon authorité privée, ainfi qu'il l'a reconnu par fon interrogatoire. Nota.

Onziéme Objection. *Qu'il n'y a point de Loy ny d'Ordonnance, qui l'obligeaft de faire Inventaire, parce qu'il auroit témoigné douter de fon droict, & travailler contre fon tiltre, qui luy donnoit tous les biens, s'il les euft fait inventorier.*

Response. Par ce difcours, le Deffendeur avoüe donc, qu'il s'eft mis en

E

poſſeſſion de tout, ſans avoir fait Inventaire, non ſeulement des meubles & des effets qu'il pretendoit luy devoir appartenir, mais auſſi de tous les tiltres de la famille du deffunt, auſquels il ne pouvoit rien pretendre.

Mais on luy demande, Avant que de vous mettre ainſi en poſſeſſion, s'il eſt vray que vous fuſſiez legataire du deffunt, comme vous le dites, n'eſtoit-il pas de l'ordre, de demander la délivrance de voſtre legs aux heritiers ? Car un legs de ſoy ne ſaiſit point, & ne donne aucun droit de ſe mettre en poſſeſſion. Or puis que vous n'attendiſtes pas cette délivrance, & que dés le moment du deceds, & peut-eſtre meſme dés auparavant, vous aviez tout pris ou fait prendre par vos gens, ainſi que vous en convenez, Doncques vous vous eſtes fait juſtice à vous meſme, & vous vous eſtes emparé de la ſucceſſion de voſtre authorité privée ; Et c'eſt cela meſme que la Loy appelle *violence*. *Vis eſt, & tunc, quotiens quis id quod deberi ſibi putat, non per judicem repoſcit. l. 7. ff. ad leg. Iul. de vi privat.1.*

L'on convient avec le Deffendeur, qu'aprés l'Acte du 4ᵉ Janvier, il n'a plus eſté obligé de faire d'Inventaire ; mais auparavant, il n'y a point de Loy ny d'Ordonnance qui l'en diſpenſaſt, ny qui luy permiſt de ſe mettre ainſi en poſſeſſion, ſous pretexte qu'il ſe diſoit fauſſement legataire du deffunt.

Il n'y a pas de Loy non plus, qui puiſſe approuver, que luy qui eſtoit un étranger dans la famille, fuſt ſaiſi & inſtruit de tout, & qu'en cét eſtat il traitaſt & tranſigeaſt avec les heritiers, qui n'eſtoient ſaiſis ny inſtruits d'aucune choſe.

Cependant, il demande ce que cela peut avoir de commun avec la Tranſaction ? L'on répond, que c'eſt cela meſme qui en fait davantage reconnoiſtre la violence, le dol, & la fraude ; car n'ayant fait Inventaire d'aucuns tiltres, ny papiers, ny enſeignemens de la ſucceſſion, & n'ayant donné aucune lumiere aux heritiers, il luy fut aiſé de leur faire croire tout ce qu'il voulut ; Il l'avoüe luy-meſme, car il ne feint pas de dire dans ſon Inventaire de production, que *s'ill' euſt fait, les heritiers en euſſent pû tirer advantage.*

Nota.

Or que peut-on induire de là, qu'une preuve certaine & concluante, non ſeulement du dol & de la fraude, mais meſme du concert premedité de la fraude, pour oſter toutes lumieres aux heritiers.

Douziéme Objection. *Que la ſuppreſſion des tiltres & papiers, n'eſt point un dol, ſi ce n'eſt entre coheritiers ſeulement, & non entre étrangers ; & que c'eſt en ce ſens qu'il faut entendre la Loy Tres fratres, & la Loy, cum Tutoribus. §. fallaciam.*

Rᴇsᴘᴏɴsᴇ. *In facto*, la ſuppreſſion de tous les Tiltres & papiers, eſt tellement juſtifiée au procez, & meſme par le propre interrogatoire du Deffendeur, que le Demandeur peut dire, qu'en cela *habet confitentem reum.* Reſte donc la ſeule queſtion de ſçavoir, ſi dans l'eſpece particuliere de la cauſe, la ſuppreſſion de tous les Tiltres peut paſſer pour un dol. Mais le Demandeur l'a tellement fait voir cy-deſſus, p. 10. 11. & 15. qu'il n'y aura perſonne, qui ne trouve la diſtinction que le Deffendeur apporte, tres impertinente.

En effet, ce qui eſt injuſte entre des freres, qui font partage d'une ſucceſſion, l'eſt pareillement entre des co-intereſſez, ou entre des copartageans étrangers, à quelque Tiltre legitime qu'ils partagent la ſucceſſion ; La raiſon eſt égale pour l'un & pour l'autre cas, parce que le dol & la fraude ne changent point de nature ny de qualité, & que de quelque part qu'ils viennent, ils ſont roûjours également odieux & puniſſables.

Treiziéme Objection. *Qu'une Tranſaction ne laiſſe pas d'eſtre valable, quand les motifs n'en ſeroient pas veritables.*

Rᴇsᴘᴏɴsᴇ. Ou la fauſſeté de l'énonciation miſe dans la Tranſaction, a eſté connuë de tous ceux qui ont tranſigé, & y a eſté miſe de leur commun confentement; fans où elle ne l'a efté que d'un feul feulement.

1º *Cafu.* Il eft vray que la Tranfaction ne laiffe pas de fubfifter, parce que toutes les parties, également inftruites de ce qu'elles faifoient, l'ont ainfi voulu. Mais au fecond cas, il n'en peut eftre de mefme. *Ne,* (comme dit la Loy,) *vel illis malitia fua fit lucrofa, vel iftis fimplicitas damnofa.*

C'eft auffi par cette raifon, qu'en droict, l'on eft reftitué contre une Tranfaction faite fur pieces fauffes, dont la fauffeté eftoit inconnuë lors de la Tranfaction, encore mefme qu'on l'euft confirmée par ferment. *l. fi ex falfis. C. de Tranf.* parce (dit la Loy) que *ex falfis inftrumentis induflus, non tam pacifcitur quam decipitur.*

L'on eft encore reftitué, contre une fentence donnée de fon confentement, fur de faux Titres, ou fur de fauffes atteftations. *toto Tit. C. fi ex falfis inftrum. vel Teftim. Iudic.*

Or fi la reftitution eft admife dans tous ces cas, elle le doit eftre par mefme raifon, contre la Tranfaction faite, ou contre le confentement donné fur une fauffe caufe, ou fur une fauffe allegation.

Il y en a mefme une decifion expreffe, dans les Loix *25. & 38. ff. de dolo malo.* L'application defquelles convient parfaitement à l'efpece de la caufe.

Dans la premiere, le Jurifconfulte Paul, pofe l'efpece d'un Creancier qui demandoit fa debte, mais à qui le debiteur fit croire qu'il l'avoit payée à fon efclave ou à fon procureur ; de forte que le creancier ajoûtant foy à cette fauffe allegation, auroit confenti judiciairement la décharge du debiteur. Mais la fauffeté ayant efté découverte, le Jurifconfulte decide, que le creancier, *Ex integro agere poteft* ; & que fi *objiciatur exceptio rei Iudicatæ, replicatione, Iure uti poteft.*

Dans la feconde, Ulpien pofe encore l'efpece d'un debiteur qui par dol & fraude, & fur une lettre contre-faite, auroit tiré une quittance de fon creancier. Et il decide, *Pofteà Epiftola falfa vel inani reperta, creditor, major quidem annis 25. de dolo habebit actionem, minor autem in integrum reftituetur.*

Ce qui fuffit pour juftifier, que la propofition du Deffendeur, eft un paradoxe.

Quatorziéme Objection. *Que les parties ne peuvent jamais fe plaindre de furprife, quand elles ont pû fçavoir la verité des faits alleguez, mieux que celuy avec lequel elles ont traitté.*

RESPONSE. Cette propofition ne s'applique pas au fait de la caufe ; Car puis qu'il eft conftant que le Deffendeur s'eftoit mis en poffeffion de tout, dés le moment du deceds, & qu'il avoit fupprimé & fouftrait tous les Tiltres & papiers de la fucceffion, & mefme tous ceux de la famille, dont le deffunt eftoit depofitaire. Il eftoit impoffible que les heritiers fuffent inftruits du veritable eftat des affaires du deffunt, & que mefme ils en peuffent eftre plus inftruits que le Deffendeur. Cette propofition choque le bon fens.

Les heritiers fçavoient affurémēt, que le deffunt avoit du bien, mais ils ne pouvoient pas en fçavoir le détail, que par les Titres qui leur furent tous fupprimés. Par exemple ; Ils ne pouvoient pas fçavoir l'acquifition de la Meftairie du grand Vic, & toutes les autres que le deffunt avoit faites. Ils ignoroient de mefme les Conftitutions, les Obligations, les Cedules, l'argent monnoyé, la vaiffelle d'argent, & tous les autres effets, dont on ne leur donna aucune connoiffance.

Ils fçavoient encore, que le deffunt avoit adminiftré les affaires du Sieur de faint Germain pere & fils ; mais la preuve qu'il en avoit rendu compte, & qu'il en avoit des décharges, leur fut encore cachée par cette fuppreffion generale des Tiltres & papiers, & particulierement de la procuration du Deffendeur, qui n'a jamais paru que depuis ce procez.

Enfin de la maniere que l'on agît avec eux, il leur fut impoffible de fçavoir fi le deffunt avoit fait un Teftament, parce que lors de l'acte, l'on ne leur dit point

Nota.

fitivement qu'il en euſt fait, on l'en diſſuada meſmes, de s'en enquerir ; ſi bien qu'ils diſoient, qu'il y ait un Teſtament ou qu'il n'y en ait pas, Nous avons affaire à un grand Seigneur, qui nous demande une reddition de compte depuis quarante-ſix ans, d'une adminiſtration qui ne nous eſt point connuë ; dans laquelle il fera entrer tout ce qu'il voudra ; & qui par ce moyen abſorbera toûjours toute l'heredité. De ſorte que le Deffendeur ayant ſi beau champ, laiſſa dans l'incertitude le genre de la diſpoſition du deffunt, ſans s'en expliquer ; ce qui eſt cauſe ; qu'encores aujourd'huy, l'on ne peut dire, ſi c'eſt d'un Teſtament ou d'une donation entre-vifs que l'on ait voulu parler dans la Tranſaction.

Et meſme pour empeſcher les heritiers de s'en enquerir, & leur faire connoître que cela eſtoit inutile. On leur dit, (l'Acte meſme en fait foy,) *que quand le deffunt n'auroit fait aucune diſpoſition, le Deffendeur prétendoit leur demander reddition de compte depuis plus de 46. ans.*

Si bien que de quelque coſté qu'ils ſe tournaſſent, ils ſe voyoient toûjours à la mercy du Deffendeur. Et dans cét eſtat, ils furent bien contraints de ſigner tout ce qu'il voulut.

Il ne faut donc pas dire, que la verité du Teſtament a paſſé par conſtante ; car ſi lors de l'Inventaire fait à Godru, les gens du Deffendeur parlerent *d'un Teſtament & d'un legs univerſel de tous biens ;* lors de l'Acte on ne parla ſeulement que *d'une diſpoſition de meubles & acqueſts, & du tiers des propres,* Ce qui eſt oppoſé. Et il eſt meſme ſi peu vray, que les heritiers ſoient demeurez d'accord de ce pretendu Teſtament, que ſur l'allegation qui en fut faite à Godru, ils répondirent que *ſans approuver cette allegation, ils demandoient qu'Inventaire fuſt fait.* A quoy l'on ne voulut point ſatisfaire, ny pour les Tiltres, ny pour la pluſpart des meubles.

Et ſi lors de l'Inventaire fait à Godru, on donna une datte à ce pretendu Teſtament, ce qui eſtoit bien aiſé ; lors de l'Acte, on n'en donna aucune à la pretenduë diſpoſition qui fut alleguée.

On ne dit pas meſme, ſi c'eſtoit un Teſtament, ou une donation entre-vifs ; ſi elle eſtoit Olographe, ou pardevant Notaires. Enfin on avoit ſi grand peur de s'engager, que l'on ne s'expliqua point, & que l'on ſe contenta de dire, non que le Deffendeur ſoûtenoit, que le deffunt avoit fait un Teſtament, mais ſeulement *qu'il eſtoit ſur le point de ſoûtenir qu'il avoit diſpoſé en ſa faveur.*

Or toutes ces remarques, font voir ſi ſenſiblement, d'un coſté l'ignorance des heritiers, & l'impoſſibilité qu'il y avoit, qu'ils ſe puſſent mieux inſtruire ; & de l'autre, le dol & la fraude concertée du Deffendeur, qu'il n'eſt pas poſſible d'en douter.

Quinziéme Objection. *Qu'il eſt preſt de prouver par Témoins, que le Teſtament a eſté vû.*

RESPONSE. Le Deffendeur a déja une autrefois tenté, de ſurprendre la religion de la Cour par ce meſme moyen : Car il luy donna requeſte à cette fin, le . . . . .mais la Cour reconnut d'abord, que c'eſtoit un piege qu'on luy tendoit, pour l'obliger de juger contre la diſpoſition formelle de l'art. 2ᵉ du Tiltre 20. de la nouvelle Ordonnance, * afin d'avoir pretexte de ſe pourvoir au Conſeil, & de faire évoquer l'affaire, ou en une autre Chambre, ou en un autre Parlement. Si bien que par Arreſt contradictoire du . . . . elle joignit cette Requeſte au procez.

En effet, qu'eſt ce que pourroient dire le Sieur de Boiſmorant & les autres ? Car, ou ils ne diront que les meſmes choſes portées par la Tranſaction, & en ce cas inutile de les faire oüir ; ou ils diront d'autres choſes, & d'autres faits & circonſtances ; & en ce cas, l'Ordonnance leur ferme la bouche, & deffend aux Juges de les écouter.

Seiziéme Objection. *Qu'on a tort de luy demander, ſi ce pretendu Teſtament, eſtoit Olografe, ou pardevant Notaires, parce qu'un homme de ſa qualité*

* Act. 2. Tit. 20.
Ne ſera recû aucune preuve par témoins, contre & outre le côtenu aux actes, *ny ſur ce qui ſeroit allegué avoir eſté dit,* avãt, lors, ou depuis les Actes

qualité, fait gloire d'ignorer ces chofes. Qu'il ne le reprefente point, parce qu'il n'eftoit pas obligé de garder à perpetuité, une piece de cette nature, qui s'eft égarée ou perduë parmi fes autres papiers ; & qu'il y a beaucoup d'apparence que le Demandeur l'a fouftraite.

RESPONSE. Il n'eft pas indigne d'une perfonne de qualité, de prendre foin de fes affaires, ou à tout le moins de conferver les Tiltres de fon bien, & d'en fçavoir la forme & la qualité. Et l'on ne prefumera pas, qu'un Gouverneur de Province, qui eft prepofé pour conferver les droicts & l'authorité de fon Maiftre, pour faire regner la Juftice, pour maintenir chacun en fon devoir, & faire entretenir la paix & la tranquillité publique, ne fçache pas la difference qu'il y a, entre un Teftament Olographe, & un Teftament reçeu par Notaires. Cette connoiffance n'eft point au deffous de fa qualité, & il ne faut point eftre du Palais pour cela. L'exemple du Grand Roy, que le Deffendeur à l'honneur de fervir, luy apprend affez, qu'il n'y a point de connoiffance dans les affaires, qui foit indigne des gens de qualité, & qu'il n'y a point de honte de prendre foy mefme le foin de fes affaires.

Outre qu'il eft mefme affez difficile à comprendre, qu'un homme qui depuis 10. ans, n'a eu rien tant à cœur, que de tirer des Actes approbatifs de la Tranfaction ; qui a bien fçeu qu'ils luy eftoient neceffaires pour la faire fubfifter ; qui mefme a employé toutes fortes d'artifices pour cela, n'ait pas fçeu faire la diftinction d'un Teftament Olografe, ou d'un Teftament par Notaires, & qu'il ait confideré cette piece, qui eft la baze & le foûtien de fa Tranfaction, *comme une piece inutile.*

Et comme il void bien, que le defaut de ce Teftament le preffe, & qu'il ne peut fortir de l'embarras où il le met, il tâche aujourd'huy de perfuader, que c'eft le Demandeur qui a ce Teftament, & qui le luy a fouftrait ; A peu prés, comme s'il difoit, que le Demandeur eft en poffeffion de toute la fucceffion de fon Oncle, qu'il joüit des Terres, qu'il difpofe de tous les effets mobiliaires, & qu'il en a pardevers luy tous les Tiltres & enfeignemens, & que cependant il a la malice & la mauvaife foy de luy en faire demande.

Dix-feptiéme Objection. Qu'il n'eft point neceffaire pour la folemnité de la Tranfaction, qu'il foit dit, que le Teftament fur lequel on a tranfigé, a efté veu, & qu'il n'y a, ny Loy ny Docteur qui le defire, que l'avis de Meffieurs Ferret, Cujas, de faint Iorry, Faber, Et Duarein, eft que la loy 6e ff. de Tranf. *ne s'entend que des Iugemens, & non des Tranfactions ; & que tous ces Docteurs ont blámé Tribonien, de l'avoir mife fous le titre des Tranfactions, veu qu'elle ne s'entend que des Iugemens, ainfi qu'il refulte de la loy premiere* ff. quemadmodum Teftam. aper. *d'où cette loy 6e a efté tirée. Et qu'enfin la queftion eft decidée par la* loy 78. §. fin. ff. ad Senat. Trebell. *qui porte qu'une Tranfaction, faite fur un Teftament eft valable, quoy que le Teftament n'aye pas efté veu.*

RESPONSE. la loy 6e *ff. de Tranf.* eft conçeuë en ces termes, *De his controverfiis quæ ex Teftamento proficifcuntur, neque Tranfigi, neque exquiri veritas aliter poteft, quam infpectis cognitifque verbis Teftamenti.*

La loy premiere *ff. quemadm. Teft.* eft auffi conçeuë de la forte, *Omnibus quicumque defiderant tabulas Teftamenti infpicere, vel etiam defcribere, defpiciendi defcribendique poteftatem, facturum fe prætor pollicetur. quod vel fuo vel alieno nomine defideranti tribuere eum manifeftum eft.* A quoy *Gaius* ajoûte, & c'eft ce qui decide, NEQUE ENIM SINE JUDICE TRANSIGI, NEQUE APUD JUDICEM *exquiri veritas, de his controverſiis quæ ex teſtamento proficiſcerentur, aliter poteſt,* QUAM INSPECTIS COGNITISQUE TESTAMENTI.

Il eſt viſible que l'une & l'autre de ces loix, deſirent expreſſement, que *le Teſtament ait eſté veu, & que l'on en ait ſçeu & connu les termes*, & meſme à peine de nullité.

Le Defendeur veut, que la premiere de ces loix, ait eſté tirée de la ſeconde, ce qui n'a point de fondement; elles contiennent bien à la verité les meſmes diſpoſitions, & elles ont bien l'une & l'autre eſté priſes du livre 17. *De Gaius, ad Edictum Provinciale*, comme l'inſcription en fait foy, mais elles ſont neanmoins independantes l'une de l'autre, & c'eſt par cette raiſon, que dans la compilation du Digeſte, elles ont eſté miſes ſous des titres differens.

Mais quand on accorderoit au Defendeur, que cette loy 6e *ff. de Tranſ.* a eſté tirée de la loy premiere *ff. quemadmodum.* Il n'en ſeroit pas plus fort, car toute ſa pretention eſt, que cette derniere loy, ne doit s'entendre toute entiere que des jugemens, & de ſe qui ſe fait en la preſence du Juge. Et qu'elle n'a point voulu parler, des Tranſactions, & de ce qui ſe fait en la preſence des Nottaires.

Mais on luy demande, que veulent dire ces termes, *neque ſine Iudice Tranſigi?* s'il entend le Latin, il faut malgré luy qu'il avoüe, qu'ils s'entendent des Tranſactions, qui ſe font hors la preſence du Juge, & qu'il eſt impoſſible de les entendre autrement. Sur tout ſi l'on conſidere, qu'ils ſont meſmes oppoſés à ceux-cy, *neque apud Iudicem exquiri &c.* Car le Juriſconſulte a compris les deux cas, ſçavoir ce qui ſe fait *en Iugement & en la preſence de Iuge;* & les Tranſactions qui ſe font *hors jugement;* pour montrer qu'en l'un & en l'autre cas, la verité du Teſtament ne peut paſſer pour conſtante, & la Tranſaction faite ſur iceluy eſtre valable, *quam inſpectis cognitiſque verbis Teſtamenti.*

Or aprés l'obſervation de ces quatre mots, *Neque ſine judice tranſigi*, que deviendra la belle & curieuſe critique du Defendeur, puiſque ces quatre mots ſuffiſent pour juſtifier Tribonien de ce qu'il a fait.

Ce grand homme, qui avoit eſté choiſi pour faire la Compilation des loix Romaines, par le plus grand Legiſlateur qui ait jamais eſté, & qui ſera jamais, en avoit aſſeurement une parfaite intelligence, & il les entendoit ſans doute, mieux que tous ceux qui ſe ſont meſlez de le critiquer.

Il eſt vray, que quelques Hiſtoriens, ont remarqué, qu'en quelques loix, il avoit ou retranché ou ajoûté quelque choſe, pour des intereſts particuliers, & à la priere de quelques perſonnes puiſſantes dans l'Empire; mais outre que tout le monde n'en demeure pas d'accord, & que cela meſme n'eſt arrivé que tres rarement, il eſt évident qu'en cet endroit, on ne le peut accuſer de la moindre choſe.

Le Defendeur luy-meſme, ne dit pas, qu'il ait ajoûté ou diminué quelque choſe aux paroles de *Gaius*, car toute ſon accuſation eſt de dire, qu'il a mis ſous le titre des Tranſactions ce qui n'appartenoit qu'aux jugemens.

Mais on luy oppoſe, les propres paroles de *Gaius* luy-meſme, dans cette loy premiere *ff. quemadmodum*, qui a compris l'un & l'autre cas, & qui parle auſſi bien des Tranſactions, que de ce qui ſe fait en jugement.

En effet, la raiſon n'eſt-elle pas égale en l'un & en l'autre cas? car ce qui eſt injuſte & deffendu en la preſence du Juge, peut-il eſtre juſte & permis en la preſence du Nottaire?

Il n'eſt pas permis de conteſter devant le Juge, de la validité ou de l'execution d'un Teſtament, *quam inſpectis cognitiſque verbis Teſtamenti*, parce que le public à intereſt, non ſeulement que les volontez des deffunts ſoient executées, mais que l'on ſoit preciſement inſtruit & informé de leurs volontez, & que l'on ne leur en ſuppoſe point.

Or s'il n'eſt pas permis, d'alleguer un Teſtament en la preſence du Juge, ſans le repreſenter, ou comme dit encore mieux la loy, *quam inſpectis cognitiſque verbis Teſtamenti*, ſera-t-il permis de le faire en la preſence du Nottaire? &

celuy qui allegue un Teſtament, en ſera-t-il crû ſur ſa foy, & luy ſera-t-il permis, de ſuppoſer & au public & aux particuliers tout ce qu'il luy plaira ?

Il eſt viſible, que la deciſion de Gaius, s'applique à l'un & à l'autre cas, parce qu'il y a meſme raiſon de juſtice en l'un qu'en l'autre, & par conſequent le Defendeur eſt injuſte, d'accuſer Tribonien d'avoir erré.

Car *dato non conceſſo*, qu'il ait tiré la loy ſixiéme *de Tranſ.* de la loy premiere *ff. quemadm.* pour la mettre ſous le titre des Tranſactions, bien qu'il l'euſt déja miſe ailleurs ; n'eſt-ce pas une preuve, qu'il reconnoiſſoit donc bien, que le dol & la fraude, n'eſtoient pas plus permis aux Tranſactions qui ſe font ſur un Teſtament, que dans les jugemens qui ſe rendent ſur le meſme ſujet, puiſqu'il s'eſt donné la peine d'en faire vne loy preciſe, & de la mettre meſme ſous le titre des Tranſactions, afin que perſonne n'en doutaſt.

C'eſt donc en vain, que le Defendeur s'eſt occupé, à entaſſer dans ſes contredits, & dans ſon Factum, citation ſur citation, pour faire paraiſtre Tribonien coupable, puiſque l'équité & le bon ſens, reçoivent également ſa deciſion.

Le Defendeur luy-meſme, n'a pas pû s'empeſcher de dire, que Berthole & pluſieurs autres grands Docteurs, n'eſtoient pas de ſon avis, & qu'ils avoient ſuivi le ſens de Tribonien, & les paroles de la loy.

Or l'on a bien veu, & on le void meſme tous les jours, que les ſages & judicieux ſentimens, de ce grand Juriſconſulte, font tres-ſouvent les motifs des Arreſts que la Cour prononce ; mais il eſt encore inouy, que la Cour ſe ſoit jamais fondée, ſur ceux d'Æmilius Ferretus Profeſſeur à Avignon, de François Duaren, Profeſſeur à Bourges, de Monſieur de Saint Jorry, d'Antonius Faber, d'Emanuel Romain Valeron, & de tous les autres que le Defendeur cite.

Que ſi Cujas, s'eſt trouvé du ſentiment d'Æmilius Ferretus, c'eſt peut-eſtre parce qu'il avoit eſté ſon diſciple, comme il le dit luy meſme, outre que ce ne ſeroit pas la premiere fois, que Cujas ce ſeroit trompé.

C'eſt la maniere ordinaire des Echoles, de faire des Problemes de toutes choſes, & de mettre tout en queſtion. Mais il eſt dangereux, d'apporter au Palais, où l'on ſe doit toûjours attacher aux termes de la loy, & où l'on ne doit chercher que la verité & le bien de la Juſtice, les ſentimens particuliers de ces Profeſſeurs de Droit, qui reduiſent tout en diſpute.

Leur critique eſt propre, à donner carriere à un homme qui veut faire parade de ſa lecture, & jetter de la pouſſiere aux yeux de ſon adverſaire, mais elle n'eſt nullement propre, à éclaircir la verité, & à inſtruire la religion des Juges.

Ainſi toutes les fois que ces Docteurs d'Echoles ſe détournent du grand chemin, & des regles établies, pour avancer des ſentimens particuliers, on ne les écoute jamais, & l'on s'attache uniquement au texte de la loy, qui eſt la ſeule regle que l'on doit ſuivre.

Si meſme en cette queſtion, qui eſt ſi claire d'elle-meſme, par les propres termes de la loy, il eſtoit neceſſaire d'avoir recours à l'authorité des Docteurs, * il eſt certain que la ſeule authorité de Barthole, ſur cette loy 6ᵉ *de Tranſ.* le doit emporter par deſſus tous les autres.

Il faut donc conclurre, que la critique du Defendeur eſt inutile, & qu'elle ne peut donner atteinte, à la diſpoſition d'une loy ſi preciſe, ſi formelle, & qui depuis onze cens tant d'années qu'elle fut inſerée dans le Digeſte, à toûjours eu une perpetuelle execution, juſques-là meſme, que le Defendeur n'a pû s'empeſcher dans ſes contredits, de reconnaiſtre qu'encore aujourd'huy dans toute l'Eſpagne elle eſt executée à la lettre.

C'eſt encore plus inutilement, qu'il a cité le paragraphe dernier de la loy 78. *ff. ad Senatuſc. Trebell.* * puiſque ce paragraphe ne dit rien moins, que ce qu'il veut luy faire dire.

Car dans l'eſpece de ce paragraphe, il n'eſtoit pas queſtion de ſçavoir, ſi le defunt avoit fait un Fidei-commis de toute ſa ſucceſſion ; cela n'eſtoit point revoqué en doute, & c'est pourquoy dans tout le paragraphe, il n'est pas dit un mot du Testament, qui estoit le titre du Fidei-commis, parce que la contestation n'estoit, ny sur la verité du Testament, ny sur la validité d'iceluy.

Le fait estoit, qu'un Testateur avoit chargé son heritier, de restituer toute sa succession, à un autre ; lors de la restitution, l'heritier n'avoit restitué qu'une petite partie de la succession, parce qu'il n'en connaissoit pas alors davantage ; celuy à qui la restitution se faisoit, soûtenoit au contraire, que l'heredité devoit estre plus grande, ce qui forma entr'eux contestation, sur laquelle ils transigerent, & par la transaction il fut dit, que celuy à qui la restitution se faisoit se contentoit de ce qui luy estoit offert par l'heritier, & qu'il le déchargeoit entierement du Fidei-commis.

Du depuis on trouva des pieces, qui faisoient voir que l'heredité estoit beaucoup plus grande ; la question fut de sçavoir, si celuy à qui la restitution estoit deuë, pouvoit agir *in reliquum Fidei-commissi*, nonobstant la Transaction, & le Jurisconsulte répond, non sur la verité, ny sur la validité du Fidei-commis, parce qu'il n'en estoit pas question, & qu'il y eust eu mesme de l'impertinence à le faire ; mais *secundum ea quæ proponerentur*, c'est à dire sur ce dont il s'agissoit, qui estoit de sçavoir, si après la contestation qui s'estoit formée, sur le plus ou le moins de la quantité du Fidei-Commis, & sur laquelle les parties avoient transigé, on pouvoit donner atteinte à la Transaction, & il resout qu'on l'eust peu faire, si l'on n'eust pas transigé, *si non transactum esset, posse*.

Or il est évident, que cela ne touche point la question presente, parce que dans l'espece de cette loy, premierement la verité & la validité du Fidei-commis estoient constantes & l'on n'en faisoit pas seulement de question, au lieu qu'icy la verité du pretendu Testament du Sieur de Godru, n'a jamais esté constante, & c'est par cette raison, que mesme dans la Transaction l'on n'a osé parler de Testament, & que l'on s'est contenté de parler seulement, d'une disposition, en termes generaux, & mesmes d'en parler en termes *obliques*.

En second lieu, Ce Fidei-commissaire n'estoit point accusé de dol personnel, car on ne disoit point, qu'il eust soustrait les titres de l'heredité, afin de n'en restituer qu'une partie, mais seulement que depuis la Transaction, l'on avoit trouvé des titres, auparavant inconnus tant à luy qu'à l'heritier, qui augmentent infiniment l'heredité.

De sorte que n'y ayant point de dol personnel, de la part du Fidei-commissaire, il ne restoit pour tout moyen contre la Transaction que la seule lezion, que le Jurisconsulte estima n'estre pas suffisante pour détruire la Transaction, veu mesme que c'estoit là dessus que l'on avoit transigé, *propter dubium eventum*.

Et c'est aussi pourquoy, la Glose dit sur cette loy, *Transactio rescindi non potest, prætextu læsionis ultrà dimidiam justi prætii*. Mais aprés elle ajoûte, & c'est ce qui decide, *Dum tamen dolus adversarii non interveniat*. Car (dit-elle) en ce cas, *Non tam Transigitur quam decipitur*. Comme il est dit en la loy, *qui cum Tutoribus, §. qui per fallaciam. ff. de Transf.*

C'est donc de cette maniere, qu'il faut entendre ce paragraphe, & que tous les Docteurs l'expliquent, mais encore un coup, il estoit inutile de l'alleguer, puisqu'il ne fait rien à la question.

La Cour void donc, que toutes les objections du Deffendeur sont inutiles, & qu'elles ne peuvent point empescher que les Conclusions du Demandeur ne luy soient adjugées.

En la premiere des Enquestes.

Monsieur DE BERMOND Rapporteur.

FAVRE Avocat.

PINAULT Procureur.

www.ingramcontent.com/pod-product-compliance
Ingram Content Group UK Ltd.
Pitfield, Milton Keynes, MK11 3LW, UK
UKHW021713090726
13657UKWH00005B/2209